1ª edição
7.000 exemplares
Novembro/2019
© 2019 by Boa Nova Editora

Capa e projeto gráfico
Juliana Mollinari

Diagramação
Juliana Mollinari

Revisão
Alessandra Miranda de Sá

Assistente editorial
Ana Maria Rael Gambarini

Coordenação editorial
Ronaldo A. Sperdutti

Impressão
Gráfica Paulus

Todos os direitos estão reservados. Nenhuma parte desta obra pode ser reproduzida ou transmitida por qualquer forma e/ou quaisquer meios (eletrônico ou mecânico, incluindo fotocópia e gravação) ou arquivada em qualquer sistema ou banco de dados sem permissão escrita da Editora.

O produto da venda desta obra é destinado à manutenção das atividades assistenciais da Sociedade Espírita Boa Nova, de Catanduva, SP.

1ª edição: Novembro de 2019 - 7.000 exemplares

ARMADILHAS DA MÁGOA

ROBERTO DE CARVALHO DITADO POR JANDIRA

Instituto Beneficente Boa Nova
Entidade coligada à Sociedade Espírita Boa Nova
Av. Porto Ferreira, 1.031 | Parque Iracema
Catanduva/SP | CEP 15809-020
www.boanova.net | boanova@boanova.net
Fone: (17) 3531-4444

Dados Internacionais de Catalogação na Publicação (CIP)
(Câmara Brasileira do Livro, SP, Brasil)

Jandira (Espírito).
  Armadilhas da mágoa / ditado por Jandira ; [psicografado por] Roberto de Carvalho. -- Catanduva, SP : Instituto Beneficente Boa Nova, 2019.

  ISBN 978-85-8353-137-1

  1. Espiritismo 2. Psicografia 3. Romance espírita I. Carvalho, Roberto de. II. Título.

19-30946   CDD-133.9

Índices para catálogo sistemático:

1. Romance espírita psicografado : Espiritismo   133.9

Cibele Maria Dias - Bibliotecária - CRB-8/9427

Embora este romance seja baseado em fatos reais, seus personagens receberam nomes fictícios, por uma questão de respeito e ética moral. Pelas mesmas razões, foram omitidos os nomes das duas primeiras cidades onde os fatos ocorreram.

A narrativa foi escrita sob inspiração mediúnica e, devido às limitações do autor material, é possível que nem todas as informações tenham sido captadas integralmente, mas o resultado do trabalho "feito a quatro mãos" pareceu-nos satisfatório e esperamos que desperte positivas reflexões em quem o ler.

> "Mais amor, menos tristeza,
> ensina sábia lição;
> a mágoa servida à mesa
> sempre causa indigestão!"
> *(Agnes)*

SUMÁRIO

Dona Jandira 11
1 – Despertamento 15
2 – Amor puro 21
3 – Provocações 29
4 – Reminiscências 39
5 – Divergência e punição 47
6 – Mudança 55
7 – Diferentes personalidades 67
8 – Renanzinho 73
9 – Um amor diferente 81
10 – O vaso de cristal 91
11 – Tragédia 97
12 – Decepção e doença 105
13 – O flerte 113
14 – A andarilha 125
15 – Segredo revelado 133
16 – A mulher elétrica 143
17 – Débito e expiação 151
18 – As misérias humanas 159
19 – Teatro de horrores 165
20 – Novos rumos 171

21 – Reviravoltas 179
22 – Tempos outonais 189
23 – Regresso e esclarecimentos 195
24 – Epílogo 203

DONA JANDIRA

> *Os Espíritos não encarnados, ou errantes, não ocupam uma região determinada e localizada, estão por todos os lugares no espaço e ao nosso lado, vendo-nos numa presença contínua. É toda uma população invisível que se agita ao nosso redor.*

(O Livro dos Espíritos – Introdução ao
Estudo da Doutrina Espírita – Boa Nova Editora)

Em uma manhã de domingo, no início do ano 2016, depois de ter realizado uma palestra sobre o tema "Causas anteriores das aflições", destacando o sentimento de mágoa como um dos principais causadores das "doenças da alma" que se refletem como enfermidades no corpo físico, voltei para casa com a nítida sensação de estar ligado mentalmente a uma entidade que estivera presente no centro espírita e que refletira bastante sobre aquela dissertação.

Passei o dia pensativo, fui dormir cedo e tive uma tranquila noite de sono. Era madrugada ainda quando despertei sentindo um bem-estar incrível. A presença de uma senhora de cabelos grisalhos e olhar penetrante era tão perceptível que quase podia ser vista por mim, embora a clarividência não seja uma de minhas faculdades mediúnicas.

Em linguagem mental, ela perguntou se eu me lembrava do que acabáramos de conversar no plano espiritual, onde eu estivera em desdobramento. Eu já ia responder que não; afinal de contas, não me lembrava mesmo de nada. Entretanto, sua voz calma e ao mesmo tempo firme passou a se projetar em meu campo mental, narrando as experiências que ela vivera em sua última encarnação.

– Nasci em uma região remota do estado de São Paulo, no ano de 1932, e retornei ao plano espiritual em 2010, aos 78 anos, tendo passado boa parte de minha vida alimentando sentimentos negativos, que abreviaram o meu estágio reencarnatório e tornaram ainda mais difíceis os meus dias – ela disse. – A sua dissertação no centro espírita a respeito de mágoas me tocou profundamente e eu acho que posso dar alguma contribuição, por meio de minha própria experiência, a respeito do quanto este sentimento nos prejudica nos dois planos da vida.

A partir dessas palavras, passei a gravar mentalmente os apontamentos que surgiram de modo confuso e desordenado, com certeza porque eu e a desencarnada – que adotara o codinome Jandira – ainda não estávamos sintonizados para a tarefa. Mesmo assim, no decorrer daquele dia, transcrevi três capítulos de sua história, notando que eles estavam claramente desajustados, sem qualquer tipo de ordenamento.

Depois disso, não recebi mais nenhuma informação a respeito daquela narrativa e cheguei a lamentar, julgando que havia perdido o contato com aquela simpática senhorinha.

A vida seguiu em frente, escrevi outras histórias, mas de vez em quando relia aqueles capítulos e me perguntava o que teria acontecido com dona Jandira.

Em novembro de 2018, novamente em uma madrugada de domingo, fui despertado por uma voz feminina a projetar-se em meu campo mental:

– Olá, meu amigo! Lembra-se de mim? Será que podemos continuar nossa tarefa?

Vibrei de contentamento ao reconhecer a voz como sendo de dona Jandira e respondi que poderíamos, sim.

– Encontrei dificuldade para recordar e também para transmitir certos acontecimentos do passado – ela explicou. – Precisei me preparar melhor para essa tarefa, inclusive solicitando o apoio de amigos mais experimentados nessas atividades. Isso exigiu algum tempo e maior dedicação de minha parte. Ainda bem que você não desistiu!

Eu quase podia vê-la sorrindo, cheia de ânimo, ao reiniciarmos a tarefa interrompida. Dessa vez, a narrativa veio com mais clareza e os capítulos surgiram com um ordenamento cronológico mais ajustado. Em pouco mais de três meses, com cerca de três horas diárias de escrita, revisão e reescrita, completamos a obra a que foi dada, por sugestão da própria autora espiritual, o título de *Armadilhas da mágoa*, para deixar bem claro o tema central da história.

Nós dois esperamos que estas páginas sirvam de reflexão àqueles que insistem em fazer do ressentimento um ideal de vida, desperdiçando a oportunidade que o Criador nos dá, por meio da sagrada lei da reencarnação, de "quitarmos até o último ceitil" dos débitos contraídos, acreditando, acima de tudo, que não há vítimas inocentes em um plano de expiações e provas e que todas as experiências de vida são importantes aprendizagens para o nosso aprimoramento moral.

Que Jesus nos abençoe!

Roberto de Carvalho

DESPERTAMENTO

" A perturbação que se segue à morte nada tem de pesaroso para o homem de bem! É calma e muito semelhante à de um despertar tranquilo. "

(O Livro dos Espíritos – Questão 165 (comentários) – Boa Nova Editora)

Não faz muito tempo que despertei no plano espiritual, depois de um sono inquietante e cheio de sobressaltos. Inicialmente, tive dificuldade para me localizar e colocar ordem nos pensamentos. Encontrava-me aturdida, à semelhança de um passageiro que dorme durante a viagem e acorda sem saber em que altura da estrada a condução se encontra.

Aos poucos fui me situando e percebendo coisas e pessoas à minha volta. Em um primeiro momento cheguei a pensar que continuava encarnada, que poderia ter ficado doente e ter sido internada em um hospital. Assim, procurei visualizar a companhia dos poucos familiares com os quais vinha convivendo nos últimos tempos. Porém, com um pouco mais de calma e equilíbrio, certifiquei-me de já não pertencer mais ao "mundo dos vivos". O que me dava essa certeza era principalmente o fato de não sentir mais as dores físicas que infernizaram os últimos anos em que estive presa a um corpo desgastado pelas inevitáveis enfermidades que costumam se manifestar na velhice.

O primeiro pensamento que me veio à mente, assim que me dei conta da nova situação em que me encontrava, foi: "E agora? O que acontecerá comigo?". Lembrei-me das orientações recebidas nos primeiros anos de minha vida, na convivência diária com as pessoas da casa paroquial onde fui acolhida, principalmente do que me dizia o padre Gusmão a respeito de espiritualidade.

Com aqueles religiosos aprendi que a morte é seguida de um sono profundo, em que perdemos totalmente a consciência e ficamos aguardando o momento em que seremos despertados pelo som de trombetas. Ressurgindo então das sepulturas, estaremos diante dos anjos e de Deus, que julgará todas as almas e decidirá quais se juntarão a Ele no paraíso e quais serão enviadas para o inferno, onde queimarão eternamente nas temidas caldeiras do diabo.

Durante muito tempo, mesmo depois de já ter me livrado das amarras impostas por uma religiosidade equivocada e opressiva, a imagem daquele cenário pavoroso, com os defuntos se erguendo de suas tumbas e se submetendo ao julgamento de um juiz inflexível, de dedo em riste, a condenar seus mortos-vivos, continuava povoando minha mente, enchendo-me de temores e dúvidas.

Padre Gusmão me dizia para evitar cometer pecados, pois, segundo ele, quando cede à tentação da carne e os comete, a alma se desvia das virtudes morais e se perde para sempre. Embora ouvisse suas orientações com humildade e resignação, eu tinha certeza de que seria impossível passar pela vida sem pecar. Naqueles anos iniciais de minha infância, eu invejava, por exemplo, as crianças que viviam em ambientes familiares, ao lado de seus pais e irmãos, pois essa alegria me fora negada. Eu sabia que a inveja era um grave pecado, mas não conseguia deixar de senti-la ao ver um menino ou menina da minha idade passando pela rua de mãos dadas com seus genitores.

Enquanto criança, e em boa parte da adolescência, vivi atrelada aos conceitos obscuros que me eram ministrados, muito embora não conseguisse me aprofundar em suas concepções e enxergar com clareza o que eles realmente queriam dizer. A única certeza que eu tinha era a de que, depois de morta e ressuscitada no dia do julgamento final, dificilmente estaria entre as almas felizes, aquelas que seriam escolhidas para viverem no paraíso, ao lado de Deus, e isso me deixava bastante preocupada.

Lembro-me de uma vez em que, tendo sofrido mais um ataque de inveja ao ver uma menininha receber de seu pai uma linda boneca de presente, eu me recolhi a um canto escondido do pomar que circundava a casa paroquial e, tendo pegado escondido uma caixa de fósforos na cozinha, comecei a queimar as pontas dos dedos dos pés.

Surpreendida por uma das freiras – felizmente a mais gentil e amorosa que havia naquele ambiente –, fui questionada sobre a razão de estar fazendo aquilo.

– É que sou uma pecadora – respondi tentando conter o choro. – Como minha alma vai acabar mesmo condenada, estou tentando me acostumar desde já com o fogo do inferno. Assim não vou sentir tanta dor quando o diabo me jogar em sua fogueira.

Não me lembro exatamente do que a jovem freira me disse, mas suas palavras não ajudaram muito. Hoje eu tenho certeza de que ela também era tão vítima daquelas inquietações quanto eu.

Mas, embora a certeza de ir para o inferno me assustasse às vezes, à medida que fui crescendo, esse pensamento começou a parecer até consolador. Quando eu pensava na impiedade de Deus ao condenar tantas almas ao fogo eterno, perguntava-me se seria realmente bom estar eternamente ao lado d'Ele.

A essa época eu já tinha ouvido falar sobre regimes ditatoriais comandados por homens inescrupulosos e cruéis, e não conseguia notar diferença alguma entre esses ditadores e a imagem daquele impiedoso juiz divino que os religiosos me apresentavam. Chegava mesmo a me perguntar se o diabo não seria, quem sabe, um pouco mais tolerante e compassivo do que Ele.

Com o amadurecimento imposto pelo ritmo invariável do tempo, essa ideia começou a perder força à medida que o meu próprio raciocínio e os ensinamentos que a vida impôs me levaram a adotar conceitos mais razoáveis em relação às leis universais. A fé cega já não me bastava.

O primeiro desses questionamentos foi em relação a Deus. Ora, sendo Ele o Pai amoroso descrito por Jesus, como poderia ser tão cruel a ponto de condenar suas próprias criaturas, sabidamente imperfeitas e passíveis de erros, a um castigo eterno, por serem imperfeitas e cometerem erros? As leis divinas seriam mais severas do que a lei dos homens, que, mesmo com suas imperfeições, em muitos casos oferece ao apenado a possibilidade da remissão?

E cada vez mais me convencia de que as afirmativas do padre Gusmão contrariavam as orientações do Cristo, que ele próprio dizia seguir ao declarar-se cristão. Qual dos dois, ele ou Jesus, estaria equivocado ao falar de Deus? E a resposta surgia logo em minha própria mente: se o padre Gusmão continuava a se declarar seguidor do Cristo, é claro que o equívoco era dele e não de quem ele continuava seguindo.

Depois disso, outras concepções mais arrazoadas foram, por si sós, enraizando-se em minha mente, e os conceitos adquiridos até então já não satisfaziam a minha necessidade de obter conhecimentos sobre a minha própria origem e sobre o papel que os seres humanos desempenham no universo.

A ideia de nascer, viver, morrer, dormir e acordar ao som de trombetas, para ser submetida a um julgamento implacável e depois disso atirada a uma fogueira que me queimaria por toda a eternidade, já não se encaixava mais em meu pensamento, não fazia sentido algum. Porém isso não se deu da noite para o dia. Foi um processo lento, eivado de reflexões, dúvidas e controvérsias.

AMOR PURO

" O amor é de essência divina, e, desde o primeiro até o último, possuís no fundo do coração a chama desse fogo sagrado. "

(O Evangelho segundo o Espiritismo – Capítulo 11 – Item 9 – Boa Nova Editora)

Neste lugar de agradável sossego e silêncio em que me encontro atualmente, as lembranças vão surgindo aos poucos, sem um ordenamento prévio e sem sobressaltos. É como se eu estivesse assistindo à reprise de um filme muitas vezes visto, mas cujas cenas não seguissem o roteiro linear de começo, meio e fim. Assisto-as com vivo interesse, mas sem angústias ou nostalgias. Percebo que estou amparada por uma força invisível que me mantém equilibrada e vigilante, e isso faz com que me sinta bem.

Uma das primeiras cenas que revejo é de uma conversa que tive com Emily, minha meiga netinha. Não tenho muita certeza da época em que ocorreu, mas ela deveria ter em torno de oito ou nove anos de idade. Eu disse a ela que tinha muita curiosidade de saber o que acontecera com uma menina que vivera algum tempo comigo na casa paroquial, onde fui acolhida na infância. Chamava-se Maria de Fátima, era dois anos mais velha do que eu, e demonstrava uma personalidade infinitamente mais determinada e madura do que a minha.

Foi essa menina, dotada de um precoce senso de raciocínio, que provocou em meus pensamentos as primeiras inquietações conceituais a respeito da vida e das misteriosas filosofias cujo desvendamento, segundo o padre Gusmão, era permitido apenas aos privilegiados "homens santos", aqueles que foram ungidos por Deus para, ainda em vida, participarem das núpcias celestiais. Ele nunca se declarou como um desses ungidos, mas também não negava essa condição quando alguém o situava entre os escolhidos.

— Tenho muita curiosidade em saber por onde anda a Marifa. Era assim que eu a tratava carinhosamente — eu disse, com um suspiro saudoso. — Estará viva? Terá se casado? Constituído família?

— Quem saiu primeiro da casa onde vocês viviam? — Emily perguntou.

— Ela — respondi. — Mas não foi como eu, que saí de lá para me casar com seu avô. Marifa era uma mocinha contestadora e vivia contrariando o padre Gusmão. Um dia, ele deu um jeito de enviá-la para um educandário que, segundo eu soube, submetia as crianças ali internadas a um sistema bem rígido de vigilância. Nunca mais tive notícias da minha querida amiga. Se eu não estivesse tão velha, iria tentar encontrá-la.

Emily se aproximou, mirou-me nos olhos e disse:

– Vovó, a senhora não está velha. Aliás, a senhora é a avó mais linda do mundo e também a mais legal, sabia?

Fiquei rindo feito uma boba diante daquela sincera demonstração de carinho. Emily me deu um abraço bem apertado e perguntou:

– Por que a senhora não passa mais tempo aqui comigo?

Eu ia responder, porém, antes que dissesse qualquer coisa, Mirian, minha filha caçula e mãe de Emily, que ouvira da cozinha a conversa, entrou na sala dizendo em tom provocativo:

– O problema da sua avó, minha filha, é essa instituição filantrópica que ela passou a dirigir. Dona Jandira não tem mais tempo para nada, a não ser para esse tal Grupo Memê... Nenê... Sei lá qual é o nome disso.

– Meimei – respondi séria. – É um grupo beneficente, formado por pessoas voluntárias que se dedicam a várias tarefas assistenciais, principalmente à confecção de enxovais para gestantes carentes. Chama-se Meimei e é a coisa mais importante que tenho feito neste mundo, ouviu? Deixe de ser despeitada.

Mirian estirou os lábios numa atitude de descaso e sapecou:

– Mas, também, como eu poderia me lembrar de um nome esquisito desses?

Seu comentário provocativo me deixou realmente irritada.

– Não tem nada de esquisito, filha! Além disso, não se trata de um nome, mas de um apelido carinhoso que o marido deu à sua esposa. Meimei é uma expressão chinesa que quer dizer "amor puro".

Mirian riu com deboche.

– Então é pior do que esquisito; trata-se de uma utopia!

– Utopia? – perguntei indignada. – Amor puro pode ser uma utopia pra quem tem o coração congelado pela frustração. Fique sabendo, minha filha, que nem todo mundo carrega a mágoa de não ter conseguido encontrar um amor puro e verdadeiro, ouviu?

Com a indireta que não consegui deixar de jogar-lhe na cara, Mirian saiu pisando duro em direção à cozinha. Eu sabia que mais tarde iria me arrepender de ter cutucado a ferida crônica que ela trazia aberta no peito, mas na hora me senti bem fazendo aquilo. Aliás, esse tipo de sentimento em nossa família não era uma exclusividade dela.

Com a saída de Mirian, Emily se aconchegou novamente em meu colo e, percebendo que eu estava bastante agitada, tentou me acalmar:

— Vovó, não fique chateada com a mamãe, não. Ela está nervosa porque tem três meses que o papai não deposita o dinheiro da pensão.

— E como é que você sabe disso?

— Minha mãe me contou. Ela disse que o papai não faz os depósitos porque a nova namorada dele não deixa.

— Ah, o seu pai está namorando de novo, é?

— Parece que sim.

— Você conhece essa moça?

— A atual, não. Eu conhecia a outra, a Georgina, mas eles terminaram já tem um tempinho.

— E você gostava dela?

— Não muito. Às vezes, quando eu ia passar o fim de semana com o meu pai, ela tinha umas crises de ciúmes, brigava com ele e sobrava até para mim.

— Que coisa horrível! — exclamei, fazendo uma careta.

Emily me olhou muito séria, arregalando seus olhinhos verdes.

— É, vó! E, pelo jeito, a namorada atual é ainda pior! Se ela realmente proíbe o meu pai de pagar a pensão, vai ser uma dureza conviver com ela.

Anotei em minha agenda mental a necessidade de conversar com o ex-genro. Não gostava de me meter naquele tipo de assunto, mas aquilo me deixou bastante preocupada.

Emily pediu:

– Vó, conta pra mim a história da Meimei?

– É mesmo? Você ficou curiosa?

Ela acenou positivamente, com um largo sorriso.

– Bem... O nome verdadeiro de Meimei era Irma e a origem do apelido eu já falei.

– Sim. Você disse que foi dado pelo marido dela, que a amava muito.

– Exatamente. Meimei nasceu numa pequena cidade do estado de Minas Gerais e ficou órfã de pai aos cinco anos. Com o passar do tempo, tornou-se uma moça muito bonita, sensível e educada. Tinha um carinho especial pelas crianças e seu grande sonho era ser mãe. Aos vinte e dois anos, casou-se com um rapaz chamado Arnaldo e o amor entre os dois era a coisa mais linda do mundo! Mas uma grave doença fez que ela morresse dois anos depois de casada, sem conseguir realizar o sonho de ter filhos. Sua morte provocou muita tristeza nos familiares e amigos, principalmente no jovem esposo, que não se conformava com a perda prematura do seu grande amor.

– Poxa, vó! Que história mais triste – queixou-se Emily, com os olhinhos brilhando de emoção.

– Realmente é triste, mas, hoje, a Meimei vive cercada de crianças e é feliz de outra maneira, ou seja, sendo útil para aqueles pequeninos que precisam tanto da atenção e do amor dela. Meimei realiza um lindo trabalho no plano espiritual.

– Plano espiritual? Isso é o mesmo que céu?

– Bem... Podemos dizer que sim, mas quando você for um pouco mais crescida eu falo sobre isso. Acho que ainda é cedo para aprender sobre essas coisas, está bem?

Na verdade, eu não a achava nova para aquele aprendizado, mas evitava tocar nesses assuntos para não provocar conflitos com a Mirian, que era radicalmente contra as questões espirituais. Emily abanou a cabecinha, aceitando as minhas ponderações, e eu prossegui:

– É inspirado em Meimei que existem muitos grupos como esse do qual eu participo; pessoas que se reúnem para, entre outras atividades assistenciais, confeccionar enxovais e doá-los às gestantes carentes que não podem comprá-los.

– Poxa, isso é bem legal, vó! Mas me fala do esposo dela.

– Ah, o Arnaldo? Ele sofreu bastante, mas com o passar do tempo entendeu que a morte da esposa não fora por acaso. É claro que ele não teve uma vida tão feliz quanto certamente teria ao lado dela, mas se conformou com a vontade de Deus.

– Será que um dia eles vão se reencontrar?

– Com certeza. E sabe por quê?

Emily meneou a cabeça negando.

– Porque as pessoas que se amam de verdade não se separam por muito tempo – falei com ênfase, para não deixar dúvida de que acreditava mesmo no que dizia.

– A senhora falou que ainda é cedo para me falar sobre esse tal plano espiritual, mas está me parecendo que é o lugar onde as pessoas se reencontram depois da morte, não é?

– Bem, numa explicação simplificada, podemos dizer que é isso mesmo – respondi sorrindo.

Ela me abraçou com força e disse:

– Obrigada, vó, por me contar histórias tão bonitas! Um dia vou querer saber tudo sobre esse lugar chamado plano espiritual.

E permanecemos juntas, falando sobre amenidades, mas a sensação ruim de ter discutido com Mirian continuava a me perturbar. Por isso, fui falar com ela.

PROVOCAÇÕES

"A cólera não exclui certas qualidades do coração; mas impede de fazer muito bem, e pode levar a fazer muito mal; isso deve bastar para motivar esforços por a dominar."

(O Evangelho segundo o Espiritismo – Capítulo 9 – Item 9 – Boa Nova Editora)

Quando entrei na cozinha, levei um susto. Estava tudo desarrumado e sujo. Louças e talheres espalhados sobre a pia, móveis empoeirados, piso manchado de gordura... Havia dois meses que eu não visitava o apartamento de Mirian e não sabia que a situação ali estava tão complicada. De minhas três filhas, ela era a mais desorganizada, inclusive no aspecto afetivo de sua vida.

– Meu Deus, filha! Este apartamento está uma bagunça! Cadê a Clotilde, sua empregada?

Mirian respondeu sacudindo os ombros, enquanto revirava umas gavetas, procurando os filtros descartáveis para coar café:

– Mandei embora. Aquela ingrata só vivia falando em assinatura na Carteira de Trabalho, férias, INSS, FGTS... Sabia que ela teve a petulância de me trazer um panfleto do Sindicato, falando sobre a luta para que empregadas domésticas tenham os mesmos direitos que os demais trabalhadores? Droga! Acho que os filtros descartáveis acabaram.

– Por que você não faz um chazinho, em vez de café? – sugeri.

– Com esse tempo quente, eu prefiro mesmo um chá-mate com limão e gelo.

Mirian aceitou a sugestão e começou a preparar o chá. Era um daqueles períodos de calores intensos em São Paulo, com a temperatura bem acima dos trinta graus.

– Quanto à Clotilde – eu disse –, ela está coberta de razão, filha! São direitos que os trabalhadores domésticos precisam mesmo conquistar e, pelo que eu ando vendo nos jornais, não vai demorar muito para que isso aconteça. Os tempos são outros. As coisas estão mudando.

Mirian virou-se e me encarou com um olhar de indignação.

– Ah, mãe! Até você? Eu não tenho condição de encher o bolso da minha empregada de dinheiro. Não tenho renda fixa; vivo da comissão das vendas que faço, quando faço, e ainda fico dependendo de aquele traste do Fernando pagar a pensão da Emily. Sabia que ele está há três meses sem depositar um centavo?

– E você não faz nada? Que eu saiba, ele tem um ótimo emprego e ganha muito bem. Além disso, você está amparada pela lei no que se refere ao pagamento de pensão alimentícia da filha de vocês.

– Pode deixar! – Mirian exclamou em tom ameaçador. – O que é dele está guardado.

Notei que prosseguir com aquela conversa só iria tornar o clima ainda mais tenso. Era quase impossível dialogar pacificamente com Mirian. Então, voltei ao assunto da empregada.

– Já que dispensou a Clotilde, por que você não contrata uma diarista? Uma boa limpeza aqui, uma vez por semana, fará grande diferença e você não precisa ter vínculo empregatício com a pessoa.

– É uma boa ideia, mas eu não sei onde encontrar uma diarista. Não tenho tempo para sair procurando. Você sabe que a minha vida é uma correria só.

Mirian sempre usava o argumento da falta de tempo para resolver problemas um pouco mais complicados. Mas até ela sabia que não era bem assim. Para atividades prazerosas, como passeios ao shopping para fazer compras e cuidar da aparência, sempre arranjava tempo. Mas contestá-la era como acender o estopim de uma bomba, por isso, propus:

– Olha, se você quiser, eu posso falar com a Helena, que faz faxina lá em casa uma vez por semana. Pode ser que ela tenha algum dia vago em sua agenda. Quer que eu fale com ela?

Mirian me olhou com certo interesse. Pela primeira vez, desde que eu colocara os pés em seu apartamento, ela se desarmou.

– Bem... se essa Helena não cobrar muito caro, pode ser.

– Não acho caro o que ela cobra, filha, até porque se trata de uma mulher muito trabalhadeira. Deixa a casa da gente brilhante e cheirosa! Além disso, é uma pessoa educada e de confiança.

Mirian se acalmou de vez. Quando superava o mau humor, tornava-se uma criatura incrivelmente dócil. Mas esses momentos eram muito raros e passageiros.

– Isso é bom! Hoje em dia não se pode confiar em quase ninguém – ela disse, enquanto servia o chá com gelo e limão em uns copos enormes.

– Então, eu vou falar com a Helena e depois aviso no que deu.

– Valeu, dona Jandira! Desculpe pelo mau humor. Hoje eu realmente não estou legal.

Ela se aproximou, abraçou-me e começou a mexer em meus cabelos.

– Ah, mãe, como esses cabelos estão brancos! Que horror! Quando é que a senhora vai decidir pintá-los?

– Nunca! – respondi tão enérgica que me engasguei com o chá.

– Mãe, deixa de ser boba. Hoje em dia não se usa mais cabelo branco. Isso é coisa de gente cafona.

Pronto. Lá se foi a calmaria. Mirian sabia exatamente como me provocar.

– Pare com isso, por favor! Eu conheço muita gente que usa cabelo branco e que não tem nada de cafonice. Deixe de ser desagradável e respeite a minha decisão, ora bolas!

Mirian recuou. Era do tipo que mordia e assoprava a seguir.

– Desculpe, mãe! Não precisa ficar tão brava. A senhora vivia dizendo que as pessoas devem sempre falar o que pensam, com sinceridade, para que casos como o do senhor Olímpio não se repitam.

– É uma situação muito diferente – falei endurecendo a voz. – Se você não quer me ver irritada, não fale besteiras e respeite a minha vontade de manter meus cabelos exatamente como estão.

– Está bem. Prometo que não toco mais nesse assunto.

– Vou fingir que acredito. Esta deve ser a milésima vez que você faz esta promessa.

– Mas desta vez eu juro que é pra valer – ela disse, formando uma cruz com os dedos indicadores e beijando-os.

Aproximou-se novamente e me abraçou, mas faltava calor em seu abraço.

O caso do senhor Olímpio, citado por Mirian, já me havia até caído no esquecimento e ela o relembrou naquele dia. Tratava-se de um homem muito distinto, elegante, culto e comunicativo que fora nosso vizinho durante algum tempo e que exercia cargo de vereador na segunda cidade onde vivemos.

Quando nós o conhecemos, o senhor Olímpio tinha uns cinquenta anos de idade e vivia cercado de amigos. O encontro ocorreu na mesma semana em que nos mudamos para aquela cidade, num dia em que eu, Erasmo e nossas filhas estávamos chegando em casa depois de fazermos compras em um armazém. O vizinho se apresentou educadamente e foi bastante solícito conosco.

– Esta cidade é maravilhosa e os munícipes são pessoas íntegras e ordeiras, como perceberão com o tempo. Entretanto, havendo necessidade, não hesitem em me procurar – ele disse, entregando um cartão de visitas ao meu marido e fazendo um breve cafuné nos cabelos das meninas.

Durante o rápido diálogo, todos nós percebemos que aquele homem, apesar de toda a simpatia e boa aparência, tinha um terrível mau hálito. E era um odor tão desagradável, que eu não consegui ficar próximo a ele por muito tempo, pois comecei a ter enjoos. Chegando em casa, Mirian, que sempre foi a mais espontânea de minhas filhas, disse assim:

– Nossa, vocês perceberam o mau hálito do senhor Olímpio? Será que ele não escova os dentes? Ou será que se alimenta de carne estragada?

A três meninas começaram a rir e Erasmo ralhou com elas:

– Parem com isso! Respeitem as pessoas mais velhas.

– Não estou faltando ao respeito com ele, pai. Estou apenas dizendo o que percebi – Mirian, sempre contestadora, rebateu.

– Não discuta com o seu pai – interferi. – Se disser mais alguma coisa, vai ficar de castigo.

A caçula saiu pisando duro e se trancou em seu quarto.

Depois daquele dia, sempre que nos encontrávamos com o senhor Olímpio, discretamente eu procurava me afastar o mais rápido possível, inventando motivos para não me demorar junto a ele. O mau hálito do pobre coitado parecia piorar a cada dia, e eu, apesar de sentir certo remorso por aquela atitude, esquivava-me de sua presença. E ficava tentando entender por que as pessoas que conviviam com ele tão intimamente – e que com certeza percebiam aquele problema – não o alertavam. O senhor Olímpio tinha esposa e um casal de filhos já adulto. Estava sempre cercado de amigos, mas ninguém o aconselhava a cuidar daquela incômoda disfunção.

Um dia comentei sobre isso com o meu marido e ele me explicou:
– As pessoas que convivem com o senhor Olímpio não comentam com ele sobre esse problema porque têm medo de ofendê-lo. Orgulhoso como ele é, certamente vai encarar o comentário como afronta e talvez até fique com raiva de quem o interpelar.

Observando bem a questão, fui obrigada a admitir que Erasmo tinha razão. O senhor Olímpio era mesmo bastante orgulhoso de sua condição intelectual e de sua aparência física sempre impecável e elegante.

Dois anos depois daquela primeira conversa com nosso vizinho, uma ambulância estacionou de madrugada em frente à casa dele. Acordei com a movimentação e, por uma fresta da janela, vi quando ele foi retirado em uma maca e colocado no veículo, gritando de dor.

Naquele dia, a notícia se espalhou pela cidade: o senhor Olímpio fora submetido a uma cirurgia delicadíssima para a retirada de um tumor que havia supurado em seu esôfago. Porém a situação estava complicadíssima, pois a doença estava em estado bastante adiantado. O vereador faleceu logo após a cirurgia e, segundo se soube, os médicos lamentaram que ele não houvesse buscado tratamento pelo menos um ano antes, quando havia uma grande possibilidade de sobrevivência.

Dizem que no próprio velório do corpo já havia pessoas comentando que o tumor que lhe ceifara a vida deveria ser o causador de seu constante mau hálito. E ali, diante do cadáver que precisou ter a urna lacrada devido à precariedade do estado em que se encontrava, por certo houve quem se arrependesse de não tê-lo alertado sobre aquele problema.

Mirian me lembrou daquele caso que acompanhamos bem de perto e que foi, durante algum tempo, motivo de reflexão em nossa casa. Eu não me lembrava de ter dito as palavras que ela atribuía a mim, sobre a necessidade de as pessoas sempre falarem o que pensam, mas é possível mesmo que eu houvesse dito, embora tivesse agora a convicção de que nem sempre devemos agir desse modo.

Mas minha filha caçula não deixaria passar em branco a oportunidade de me contestar usando as minhas próprias palavras como argumentação de réplica. Todas as vezes que eu ia ao apartamento dela, saía de lá irritada e com dor de cabeça. Mirian estava sempre me provocando, criando intrigas e enchendo minha cabeça com os seus intermináveis problemas.

Eu não conseguia compreender como é que alguém podia ter uma vida tão complicada. Sentia pena da Emily; uma criaturinha dócil ter de conviver com aquela mãe irritante e desmiolada, muito embora nunca tivesse ouvido da boca da menina qualquer tipo de reclamação sobre a vida que levavam.

Naquela mesma semana, pedi à Helena que fosse fazer uma faxina no apartamento de Mirian e acabei pagando a conta, pois minha filha, apesar de agradecer muito à diarista, não falou nada sobre pagamento.

– Dona Jandira, me desculpe a indiscrição, mas a sua filha é muito exigente e confusa – Helena me disse quando voltamos a nos encontrar. – Ela muda de ideia o tempo todo sobre a arrumação das coisas. A senhora acredita que eu tive que fazer as mesmas tarefas várias vezes?

– Infelizmente é assim mesmo – fui obrigada a concordar com ela. – Às vezes eu penso que a Mirian tem um parafuso solto em algum lugar do cérebro.

E acabamos rindo da minha observação.

Outra coisa que fiz naquela semana foi ligar para o Fernando e, de uma forma bastante sutil e educada, lembrá-lo de que era necessário pagar a pensão alimentícia da Emily.

— Manter o pagamento em dia é uma forma de evitar problemas para si mesmo — eu disse. — A Mirian está falando em acionar a justiça e isso pode complicar a sua vida.

Meu ex-genro me ouviu em silêncio e só depois que eu terminei de falar foi que ele se manifestou:

— Dona Jandira, a senhora estará em casa por volta das dezoito horas?

— Sim. Por quê?

— Porque eu gostaria de dar uma passada aí depois do expediente do meu trabalho. Pode ser?

— Claro, Fernando. Mas o que houve?

— Eu conto quando chegar aí, dona Jandira. Até logo.

Desliguei o telefone e fiquei refletindo sobre tudo aquilo. A verdade é que o meu ex-genro se mostrou muito tranquilo e não me pareceu que estivesse preocupado.

Um pouco depois das dezoito horas, o porteiro o anunciou e eu pedi que o deixasse subir. Fernando estava mesmo calmo, cumprimentou-me com o respeito de sempre e, sem falar quase nada, abriu uma pequena pasta que trazia consigo, retirou dela uns papéis e me entregou.

— O que é isso? — perguntei enquanto os pegava.

— Veja por si mesma, por favor — ele pediu.

— Ah, meu filho, minha vista não está lá essas coisas. As letras estão meio apagadas e eu não sei onde enfiei os meus óculos.

Então ele pegou os papéis de volta e começou a me mostrar um a um, enquanto dizia:

— Este aqui é o comprovante de depósito bancário deste mês. Este outro é o comprovante do mês passado. Aqui está o do mês retrasado... Enfim, dona Jandira, aqui estão os comprovantes de depósito que fiz na conta da Mirian nos últimos seis meses. Se a senhora quiser, eu posso lhe trazer os dos anteriores.

Aquela situação me deixou muito constrangida. Pedi perdão e ele se mostrou bastante compreensivo.

— A culpa não é da senhora, mas da Mirian, que lhe contou uma mentira. Ela sabe ser convincente quando quer. Dona Jandira, duas coisas são sagradas para mim: manter o pagamento da pensão da Emily em dia e passar com ela os fins de semana que foram determinados pela justiça. Talvez a senhora não saiba, mas eu terminei com a Georgina justamente porque ela estava de implicâncias com as visitas da minha filha. E lhe digo mais: só ficarei ao lado da mulher que tratar a Emily com respeito e cordialidade. Do contrário, não servirá para ser minha companheira.

Depois de tudo esclarecido, Fernando alegou estar com pressa, me deu um abraço e foi embora, deixando-me muito irritada com Mirian. Por isso, liguei imediatamente para ela. Pretendia dar-lhe uma tremenda bronca, mas minha filha atendeu com voz de choro, disse que estava morrendo de dor de cabeça e se justificou com o maior cinismo do mundo:

– É, mãe, eu devo ter me enganado quando tirei o extrato bancário. Essas coisas acontecem. Mas de qualquer modo é bom o Fernando saber que estamos atentas.

Ficou claro para mim que meu ex-genro já havia antecipado o puxão de orelhas que eu pretendia dar nela. Por isso havia atendido ao telefone daquele modo. Mais uma das artimanhas de minha problemática filha caçula.

REMINISCÊNCIAS

"Um Espírito pode, pois, ter adquirido certo grau de elevação, mas, querendo avançar ainda, solicita uma missão, uma tarefa a cumprir, da qual será tanto mais recompensado se sair vitorioso, quanto a luta tenha sido mais penosa."

(O Evangelho segundo o Espiritismo – Capítulo 5 – Item 9 – Boa Nova Editora)

Nessas idas e vindas de minhas recordações, algumas imagens surgem e desaparecem com rapidez, outras são morosas e detalhadas, como se estivessem sendo projetadas em câmera lenta. Mas não sou eu quem as controla e não sei explicar também o que é que define o modo como cada cena é apresentada.

O surgimento de Erasmo em minha vida, por exemplo, veio em *flashes* instantâneos: a festa junina no adro da igreja, nossos olhares se encontrando, inaugurando sentimentos em meu coração, nós dois dançando respeitosamente sob o olhar atento do padre Gusmão. Depois o casamento, após curto período de noivado e muita contrariedade, pois os pais do meu noivo não aceitavam de forma alguma a nossa união.

O motivo dessa reprovação não ficou muito claro para mim, mas a rejeição em si era algo inquestionável. Acabei concluindo que meus futuros sogros repudiavam a minha condição de moça sem referência familiar e, depois de conhecê-los e de me deparar com o olhar de desdém de dona Marina, desenvolvi uma espécie de pirraça e jurei para mim mesma que haveria de me tornar esposa do filho dela, nem que essa fosse a última ação da minha vida.

E de fato nos casamos. A seguir passamos a morar na fazenda dos pais de meu marido, e os embates com minha sogra despertaram os primeiros sentimentos de mágoa que eu iria experimentar.

Erasmo sempre teve predileção pela letra M. Ele dizia que com essa letra escrevem-se os dois nomes mais bonitos da face da terra: a palavra mãe e o nome da mãe dele: Marina. Assim, quando nasceu nossa primeira filha, ele não pensou duas vezes e, sem ao menos perguntar se eu aprovava ou não, registrou-a com o nome de Márcia. À segunda filha, foi dado o nome de Marlene e a terceira recebeu o nome de Mirian.

A história só parou aí porque, depois da terceira concepção, eu adquiri uma infecção e precisei me submeter a uma cirurgia para retirada do útero a fim de, segundo os médicos, evitar futuras complicações. Mas eu tinha certeza de que, se continuasse a engravidar, conceberia somente filhas mulheres e todas teriam o nome iniciado pela letra M.

Eu tinha dezessete anos quando me casei com o Erasmo, que era cinco anos mais velho do que eu. Como já disse, nós nos conhecemos em uma festa junina promovida pela igreja e ele foi o primeiro e único homem que conheci intimamente. Tínhamos uma vida simples, na zona rural de uma cidade pequena do interior paulista e que se localizava a mais de quatrocentos quilômetros da capital.

Erasmo trabalhava nas terras do pai, onde se cultivavam mudas de árvores frutíferas e ornamentais. Não era uma atividade muito lucrativa, mas, devido ao empenho e à competência administrativa do meu sogro, o comércio gerava uma razoável renda familiar. O fácil acesso a uma importante rodovia que praticamente cortava aquela fazenda facilitava o escoamento dos produtos, que eram vendidos no atacado.

Enfrentei sérias dificuldades no relacionamento com minha sogra, que, como citei anteriormente, vivia de implicâncias comigo. Ela morria de ciúmes do filho único e tinha certeza de que eu não era a mulher ideal para se casar com ele, embora nunca houvesse falado abertamente sobre o porquê daquela rejeição.

Dona Marina tinha um temperamento agressivo e não media palavras em seus rompantes de cólera, sem se preocupar com os estragos que suas palavras poderiam causar. Já o meu sogro, senhor Orlando, embora fosse também uma pessoa de temperamento difícil, era calado e não costumava se manifestar em questões menores. Erasmo, dividido em termos de afetividade e respeito, procurava se manter em campo neutro e não fazia nada para me defender daqueles constantes ataques.

A primeira casa onde moramos – e onde concebemos nossas três filhas – foi construída no quintal dos meus sogros. Vivemos ali por dez anos, até que decidimos nos mudar para um município um pouco maior e bem mais próximo da capital. Nessa época, nossa filha mais velha estava com quase oito anos, sendo que a diferença de idade entre elas era de pouco mais de um ano.

Os pais de Erasmo não gostaram muito da decisão que tomamos e dona Marina chegou mesmo a me acusar de estar influenciando seu filho a se distanciar deles. Porém, na verdade, era o próprio Erasmo que estava buscando aquele distanciamento. Ele percebeu que, se permanecesse ao lado dos genitores, teria uma vida previsivelmente limitada. Seu Orlando via no filho um bom trabalhador braçal, que deveria dar continuidade àquelas atividades que já não satisfaziam as aspirações de meu marido.

Dona Marina encarava o filho com o mesmo olhar zeloso e controlador de quando ele andava de calças curtas, caçando codornas com um estilingue. Havia naquela relação entre mãe e filho um apego quase doentio e que foi gerando constrangimentos em Erasmo à medida que ele amadurecia. Meu marido começou a perceber que, do mesmo modo que o controle do pai o limitava profissionalmente, a constante e exagerada vigilância da mãe delimitava-lhe o horizonte existencial como um todo.

Por isso, a decisão de nos mudarmos foi muito mais dele do que minha. Entretanto, eu estaria mentindo se dissesse que não gostei da ideia. Aqueles dez anos em companhia de minha sogra foram – exageros à parte – como confinamento em uma penitenciária. Pior ainda, uma reclusão de quem cumpria pena sem conhecer o conteúdo de sua condenação. E a mágoa que foi se concentrando em meu coração em relação a ela só fazia aumentar a cada ofensa recebida.

No dia anterior à nossa mudança, dona Marina estava simplesmente insuportável. Eu havia engolido seus desaforos durante uma década, praticamente me sentindo na obrigação de acatá-los em silêncio, afinal vivia na propriedade dela. Porém naquele dia a situação se tornou insustentável e finalmente o motivo de tanta aversão veio à tona. E esse motivo era tão surpreendente, que acabou dilacerando ainda mais minha alma já tão conturbada.

– Você é mesmo uma sujeitinha atrevida e desmiolada. Deve estar feliz da vida por convencer o meu filho a ir morar tão longe dos pais – ela vociferou.

Fingi não ter ouvido a provocação e me mantive em silêncio. Eu estava sozinha em casa, arrumando umas trouxas de roupa que seguiriam no caminhão de mudanças, e as meninas brincavam no quintal.

A falta de respostas deixou minha sogra ainda mais nervosa. Ela se aproximou, ficou de frente para mim e desfiou um rosário de impropérios:

– Sua víbora! Maldita! Infeliz! Peste dos diabos!

Percebendo que a situação estava ficando fora de controle, retribuí àquele olhar acusativo e perguntei:

– Dona Marina, o que eu fiz de errado para a senhora me odiar tanto?

Ela deu uma risada irônica.

– A primeira coisa que você fez de errado foi ter nascido. A segunda foi ter seduzido o meu filho. Ele merecia uma esposa muito melhor do que você.

Senti o sangue ferver diante de mais aquela provocação. Quando conheci o Erasmo, eu não fazia a menor ideia de como seduzir alguém. Eu não passava de uma garotinha recatada e ingênua, que não se dava sequer o luxo de sonhar com casamento. A iniciativa fora toda dele, que teve de ser persistente depois daquele primeiro encontro, já que o padre Gusmão era terrivelmente protetor e eu, mesmo que quisesse, não tinha como facilitar a vida do meu futuro marido, ajudando-o a conquistar a confiança de meu tutor.

Porém, mesmo indignada, consegui controlar o tom de voz ao perguntar:

– Mas por quê? Por que não sou digna dele?

– Porque é filha de uma despudorada e deve ter herdado o mesmo sangue imprestável da mãe. Por isso foi criada à revelia, feito pinto rejeitado pela galinha.

Não entendi nada. Fiquei em silêncio por algum tempo, tentando assimilar aquela revelação. Dona Marina me olhava desafiadoramente. É claro que estava louca para prosseguir no assunto.

– Não sei do que a senhora está falando – respondi por fim. – Que eu saiba, minha mãe morreu quando eu nasci e meu pai só não me criou porque não tinha condições de fazê-lo sozinho.

Ela deu outra risada irônica.

– Ou você é muito ingênua ou é muito sonsa! Vai dizer que acreditou nessa historinha que alguém lhe contou?

– Claro que sim. Foi o meu pai que me disse...

– Então ele quis proteger você. Mas mentiu.

Ela se aproximou, olhou-me novamente nos olhos e destilou seu veneno:

– Sua mãe era uma depravada, uma mulherzinha suja e vulgar. Antes de se casar com o seu pai, já andava de sem-vergonhice com vários homens, em relações promíscuas. E, mesmo depois de casada, não sossegou. Ela abandonou você e o seu pai por causa de um amante, um homem também casado. Seu pai morreu de tristeza e de vergonha. Quanto à sua mãe, ela deve andar ainda por aí, semeando desgraças por este mundo. Afinal, como diz o ditado, pau que nasce torto nunca se endireita.

Ouvi tudo aquilo como uma ficção. Não queria nem podia acreditar que tais palavras fossem reais. Pensei que minha sogra estivesse apenas querendo me provocar para se vingar do fato de estarmos indo embora. Ainda assim tentei argumentar, vencê-la pela razão.

– A senhora está enganada. Meu pai não era doente. Foi minha mãe que morreu...

– Se não acredita em mim, pergunte para outra pessoa – ela disse quase gritando. – Posso ser acusada de qualquer coisa, mas nunca de ser mentirosa, ouviu? Talvez o Orlando esteja disposto a lhe contar toda a verdade.

E dona Marina saiu batendo a porta. Com a saída dela, desabei num canto da casa e comecei a chorar descontroladamente. Minhas filhas ouviram o choro e entraram correndo. Vendo-me naquele estado, Márcia e Marlene ficaram apenas observando a certa distância enquanto Mirian se aconchegou a mim. Das três, ela era a única que se parecia fisicamente comigo: pele morena, baixa estatura, corpo torneado, cabelos escuros, lisos e olhos castanho-claros. As duas mais velhas herdaram as características físicas da família do pai, principalmente da avó paterna: estatura elevada, corpos magros, olhos esverdeados, pele bem clara com alguns salpicos de sardas no rosto e cabelos ruivos e anelados.

Além de ser a única que se parecia comigo, Mirian era também a mais grudada a mim. Ela não gostava de me ver contrariada e fazia de tudo para me defender da avó, a quem devotava antipatia. Márcia e Marlene não tomavam partido em nossas desavenças. Podiam até não concordar com as atitudes da avó, mas também não demonstravam qualquer aversão às coisas que ela fazia.

O preço que Mirian pagava por ficar ao meu lado era ser a neta rejeitada, a única que não recebia agrados da avó nem presentes de aniversário. Porém ela não parecia se importar com aquilo, pois nunca fez qualquer reclamação a esse respeito.

Depois de me abraçar e me aconchegar em seu ombro, balbuciou, secando os meus olhos com sua mãozinha delicada:

– Não chore, mamãe. Amanhã a gente vai embora e a vovó não terá mais como magoar a senhora.

Mas a mágoa já estava enraizada em minha alma há muito tempo e, para piorar, surgia aquela novidade ruim, provocando-me uma grande inquietação e enchendo-me de incertezas. Dona Marina estaria dizendo a verdade? Meu pai teria mesmo mentido para me proteger? Minha mãe seria realmente a mulher vulgar que ela havia descrito?

DIVERGÊNCIA E PUNIÇÃO

"Os Espíritos não podem aspirar à felicidade perfeita senão quando são puros; toda mancha lhes interdita a entrada nos mundos felizes."

(O Evangelho segundo o Espiritismo – Capítulo 5 – Item 10 – Boa Nova Editora)

Naquele dia, as imagens da primeira infância, que se encontravam adormecidas em minha mente, ressurgiram de modo arrasador. Revi-me à porta da casa paroquial, no colo do meu pai: um homem muito magro, discretamente calvo, de barba cerrada e olhar brilhante, porém melancólico.

– Perdoe-me, filhinha! Eu a amo demais e gostaria muito de não precisar fazer isso, mas não tenho como sustentar você – disse-me com a voz embargada.

Agarrei-me ao pescoço dele e comecei a gritar:

– Não, paizinho! Por favor, não me deixe aqui! Eu quero ir para casa com o senhor.

O padre Gusmão e uma freira me esperavam pacientemente no portão. Não sei se sentiam compaixão por mim, mas me olhavam com ternura e expunham nos lábios o esboço de um sorriso. Papai me lançou um olhar banhado de lágrimas.

– Que casa, filha? Não temos casa alguma. Sua mãe está morta e eu não tenho trabalho. – Enxugou os olhos com a manga da blusa rota e me encarou firmemente. – Mas prometo que será por pouco tempo! Em breve as coisas se ajeitarão e eu virei buscá-la. Acredite em mim, filha! Não a estou abandonando de vez. É só por um tempo, para que você não passe fome. Depois venho buscá-la.

Um pouco antes, quando passávamos por uma praça, eu tinha visto uma pedrinha esverdeada, possivelmente caída de um anel barato, e a achei muito bonita. Apanhei-a e perguntei ao meu pai se poderia ficar com ela. Ele concordou e eu estava com aquela pedrinha na mão, guardando-a como se fosse uma relíquia, quando me ocorreu a ingênua ideia de fazer com que meu pai não se esquecesse da promessa que acabara de me fazer.

– Papai, eu quero que o senhor fique com esta pedrinha. E, toda vez que olhar para ela, lembre-se de que o estarei esperando. – Foi algo mais ou menos assim que eu disse a ele, não necessariamente com essas palavras, afinal eu era muito pequena ainda, mas esse era o sentido do que eu queria dizer.

Meu pai pegou a pedrinha e tentou sorrir para me acalmar, mas as lágrimas rolaram ainda mais abundantemente de seus olhos. Qualquer adulto teria notado que ele não teria como cumprir a promessa, mas naquela idade eu não tinha como alcançar essa percepção.

Quando meu pai se afastou, a mão robusta do padre envolveu a minha mãozinha miúda e, ainda que delicadamente, manteve-a apertada o suficiente para impedir que eu saísse correndo atrás dele. Tive que me resignar e limitar meu inconformismo ao pranto aflito e desolado que invadiu minha alma naquele triste momento.

Cenas como essa iriam se repetir muitas outras vezes ao longo de minha vida. Circunstâncias em que eu, por mais que quisesse me manifestar, tomar as rédeas da situação, teria que me contentar com o que me era oferecido, à semelhança de um navegador que, tendo perdido o leme e as velas da embarcação, segue a rota imposta pelas marés e apenas torce para chegar a algum embarcadouro.

Engraçado é que eu não tenho qualquer resquício de lembranças da minha vida antes da cena triste daquela despedida. É como se tudo houvesse se iniciado ali, à porta da casa paroquial, que não era uma instituição regulamentada de abrigo a crianças órfãs, mas o pároco, em uma atitude caritativa, costumava acolhê-las por um tempo até conseguir um casal que as adotasse. Quando a adoção não se concretizava, a criança era enviada para um orfanato ou educandário mantido pela igreja, de acordo com a sua conduta e com a idade que tivesse.

Nunca entendi direito por que, dentre todas as crianças acolhidas, eu fui a única que permaneceu ali até os dezessete anos e só saiu depois de casada. Então me contentava em pensar que havia caído nas graças do padre Gusmão e de algumas freiras que o auxiliavam, tanto nas atribuições religiosas que lhes cabiam quanto nas tarefas domésticas e educativas.

Inicialmente, apeguei-me à promessa que meu pai fez de que voltaria para me buscar, porém com o tempo perdi as esperanças, e a lembrança daquele rosto magro, pálido e amargurado foi se desbotando até perder quase completamente a nitidez em minhas memórias.

Junto aos religiosos da casa que me acolheu, tive uma vida reclusa e limitada, mas não necessariamente infeliz. Convivi com muita gente – a maioria pessoas de bem, graças a Deus – e angariei bastante aprendizado. Precisei substituir a inexistência de meus pais por outros tutores que quase sempre me trataram com carinho e respeito.

As freiras supriam as minhas necessidades físicas, mas o padre Gusmão foi certamente a pessoa mais importante dentre as que cuidaram de mim. Foi ele que me orientou sobre a existência de Deus e que me contou a história do menino pobre que nasceu em uma manjedoura, cercado por animais, e que se tornou um divisor de águas na marcha evolutiva da humanidade. Mas suas narrativas às vezes se tornavam confusas, incompreensíveis, e eu tinha a impressão de que ele se perdia em contradições e dúvidas, mas não ousava contestá-lo.

Por exemplo: em um momento, ele dizia que Jesus era filho de José e Maria; em outro, dizia que o pai de Jesus era o Divino Espírito Santo, que era simbolizado por uma pomba. Então eu ficava pensando em como uma pomba poderia gerar um corpo humano... Eu era ainda criança, mas já sabia que as pombas botam ovinhos e que desses ovinhos nascem pombinhos. Para ser filho de uma pomba, Jesus deveria ter a aparência física de uma ave, e não de um homem.

Já Maria de Fátima, que havia aportado naquela casa em condições semelhantes às minhas, fazia o contrário, não perdendo uma chance sequer de enchê-lo de perguntas e deixá-lo bastante irritado. E as perguntas que ela fazia acabavam por despertar em mim também muitos questionamentos, mas eu me aquietava, já que me agradava ser a menina que o padre estava sempre elogiando e protegendo. Eu me envaidecia ao ouvi-lo dizer, sempre que a ocasião lhe era propícia:

— Se eu não fosse padre, e se tivesse constituído família, Jandira é a filha que eu gostaria de ter gerado.

O preço daquela predileção era justamente o meu comportamento submisso, a ausência de contestação, o abnegado gesto de solidariedade, mesmo nas questões mais discordantes. E esse era um preço demasiadamente alto, que Marifa não fazia a menor questão de pagar.

Um dia, não conseguindo conter o senso provocativo, ela perguntou no meio de uma aula de catecismo:

— Padre Gusmão, por que Jesus não pôde ser filho de José, que era esposo de Maria?

Ele a olhou muito sério, quase zangado, e respondeu prontamente:

— Porque Deus não quis que fosse assim.

— E por que Deus não deixou que Jesus fosse filho do homem que deveria ter sido seu pai, já que era casado com Maria? — ela insistiu.

— Porque, para ser Deus, Jesus não poderia ser fruto do pecado original. Ou seja, não poderia ser fruto da relação homem e mulher.

Marifa sacudiu a cabeça, deu um tabefe na própria testa e disse:

— Opa! Agora confundiu ainda mais. Quer dizer que Deus não quis que Jesus fosse filho de um homem, porque é pecado. Mas achou normal que ele fosse filho de uma pomba...

— Não é uma pomba — o padre gritou, perdendo de vez a paciência. — É o Espírito Santo, que entre nós se apresenta como uma pomba. Não consegue perceber a diferença? Não sabe o que é uma figuração?

Marifa não se abalou com a aspereza das palavras dele e observou com a maior calma do mundo:

— Estou tentando entender, padre Gusmão. Por favor, me ajude. Deus achou que Jesus deveria ser filho do Espírito Santo, que é representado por uma pomba, porque desse modo não seria pecado. É isso? — Ele pensou um pouco e meneou a cabeça num movimento confuso, que não representava concordância nem discordância. — Agora o senhor me diz que, para ser Deus, Jesus não poderia ter sido fruto do pecado. Mas, se Jesus é Deus, como é que Deus o proibiu de nascer de um homem? Afinal, Jesus e Deus são o mesmo ou são seres distintos?

O padre suspirou profundamente e me pareceu ainda mais confuso quando respondeu:

– Na verdade, Deus é representado pela trindade: Pai, Filho e Espírito Santo.

– Mas Deus não é único, como o senhor mesmo já nos disse em outro momento? Se Ele é único, como pode ser uma trindade?

Padre Gusmão levantou o dedo e, antes que voltasse a ralhar, Marifa antecipou a resposta para a sua própria pergunta:

– Ah, já sei, já sei... Trindade é apenas uma representação, assim como a pomba, que representa o Espírito Santo, não é isso?

O padre ficou olhando para ela por uns longos segundos sem nada dizer. Depois se levantou e saiu arrastando as sandálias pela sacristia, com seu corpanzil gordo e pesado. Mas, antes de atravessar o portal, virou-se e disse com seu vozeirão rouco:

– Você faz muitas perguntas, menina, e, pelo que vejo, sempre inspirada pelo demônio, porque é impossível que, sendo tão jovem, tire todas essas heresias da própria cabecinha.

Dois dias depois, Maria de Fátima seria transferida para um educandário e eu perderia para sempre o contato com ela. Foi a segunda despedida dolorosa que eu amargaria em um curto período, pois havia transferido para Marifa o afeto familiar que me fora negado pela vida e a considerava uma irmã muito querida e protetora.

As aulas de religião prosseguiram do modo como o padre bem quis e eu jamais ousei questionar os seus conceitos, mesmo quando a contradição entre suas próprias palavras era gritante. Eu me perguntava se, sendo ele um homem culto e inteligente, acreditava mesmo naquelas ideias obtusas ou se as defendia apenas por força do ofício, por conveniência. E acabava me perguntando também se não seria sensato adotar a inquietude repreensiva de Marifa. Mas eu possuía uma natureza apática e acabava optando pelo confortável ambiente criado por omissão e subserviência.

Porém, depois que me casei e passei a viver com a família do meu marido, o que aprendi nas aulas de religião deixou de ter relevância. Acabei adotando a postura irreligiosa daquela gente e me ocupei inteiramente de questões meramente materiais, procurando ater-me ao papel de esposa, mãe e dona de casa. Nos momentos de aflição, recorria a preces decoradas nas aulas de catecismo e pedia amparo, mas, passado o susto, reassumia a condição de quem até acredita em Deus, mas não faz a menor ideia de como se dá a relação entre Ele e suas criaturas.

Meu marido sempre foi um homem calado e frio demais em termos de afetividade. Minha sogra dizia que ele era infeliz e reforçava a afirmativa de que Erasmo havia se casado com a mulher errada. Semelhante à postura que eu assumia ao ouvir as dissertações contraditórias do padre Gusmão, silenciava-me ante as provocações de dona Marina. A diferença era que nem a minha total submissão às suas agressividades fazia com que ela tivesse o menor resquício de consideração por mim, de modo que o benefício, nesse caso, era unilateral.

MUDANÇA

*" As provas da vida adiantam quando
bem suportadas; como expiações,
elas apagam as faltas e purificam; é
o remédio que limpa a chaga
e cura o enfermo; quanto mais grave é
o mal, mais o remédio deve ser enérgico. "*

(O Evangelho segundo o Espiritismo – Capítulo 5
– Item 10 – Boa Nova Editora)

As inquietações passaram a martelar minha mente depois daquela última discussão com dona Marina. Então tudo o que meu pai dissera era mentira? Minha mãe teria mesmo me abandonado com menos de um ano de idade para viver com um amante? Meu pai estaria mesmo doente quando me deixou aos cuidados do padre Gusmão? Teria morrido logo depois? Bem, isso ao menos justificaria o fato de ele não ter cumprido a promessa de ir me buscar quando conseguisse emprego e arranjasse uma casinha para morarmos juntos.

E assim, mesmo sem ter certeza de que tudo aquilo era verdade, mesmo desconfiada de que as acusações direcionadas à minha mãe não passavam de mais uma forma que dona Marina arranjara de me torturar, comecei a desenvolver um sentimento de mágoa pela mulher que me colocara no mundo e da qual eu nem sequer tinha uma referência visual.

O pior é que eu não tinha a quem perguntar; padre Gusmão falecera havia dois anos. Quando tomei conhecimento de sua morte, o corpo dele já estava sepultado há meses. Erasmo, quando o questionei sobre as acusações de dona Marina, disse não ter conhecimento algum sobre aquilo. Notei sinceridade em suas palavras. Além disso, pelos meus cálculos, à época do suposto ocorrido ele deveria ter entre cinco e seis anos de idade. Seria natural que não soubesse.

Quanto ao meu sogro, dona Marina disse que ele poderia me contar a verdade, mas me faltou coragem para lhe fazer perguntas. O senhor Orlando era uma pessoa muito reservada e nós nunca havíamos conversado a sós. Nossos diálogos, além de serem curtos e de se referirem a questões estritamente formais, ocorriam sempre na presença de outras pessoas.

Porém, talvez houvesse outra razão para que eu não o questionasse. É que, no fundo, eu tinha medo de saber a verdade e ter que destruir a imagem afetiva que havia construído de minha genitora naqueles quase trinta anos de vida. Na infância, tinha o hábito de associar minha mãe à imagem de Maria com o menino Jesus nos braços, com aquele olhar misericordioso e cheio de amor. Eu a imaginava como uma protetora amorosa e que, de alguma forma, sua alma zelasse pelo meu bem-estar, regozijando-se com as minhas alegrias e me amparando nos momentos de dores, sofrendo-as junto comigo.

Entre essa imagem que criei, para superar a ausência física de minha mãe, e a mulher promíscua e inconsequente apresentada por dona Marina havia uma diferença enorme. E era justamente a possibilidade de aquela história ser real que me assustou e fez com que eu, de certo modo, sufocasse a necessidade de desvendar o obscuro passado dos meus pais.

Foi com toda aquela inquietação a incomodar-me a alma que segui com meu esposo e filhas para a cidade onde passaríamos a viver. Apesar dos amargores, levava comigo uma agradável sensação de liberdade e a esperança de encontrar paz e alegrias nessa nova etapa de nossas vidas.

Com o dinheiro economizado no período em que moramos na fazenda dos meus sogros e mais uma quantia que Erasmo recebeu como herança de uma propriedade de seu avô e que fora vendida no início daquele ano, nós compramos uma residência numa das ruas centrais da cidade onde escolhemos viver. Era uma casa modesta, porém grande. Tinha um quarto para cada filha, sala, cozinha, varanda e um banheiro que a princípio fora construído no quintal.

Naquela época, principalmente nas cidades do interior, não era comum que os banheiros ficassem dentro de casa, pois praticamente não havia saneamento básico. As instalações sanitárias eram edificadas sobre fossas sépticas e se resumiam a casinholas construídas um pouco distantes da residência. Dentro delas, um caixote de madeira com uma abertura na parte superior e outra na inferior, ajustado sobre um buraco no assoalho, fazia a função de vaso sanitário. Era tudo muito rústico, anti-higiênico e desconfortável.

Foi uma época complicada de nossas vidas, sobretudo em termos de finanças, pois meu marido andou se aventurando em atividades comerciais sem ter a menor vocação para isso e em pouco tempo o dinheiro amealhado, e que parecia ser muito, evaporou-se quase totalmente. Lembro-me do dia em que ele chegou em casa muito animado, dizendo:

– Jandira, vou fazer um ótimo negócio e nós vamos ficar ricos em pouco tempo.

E explicou que havia um antigo armazém na cidade cujo dono, já idoso, morrera recentemente. A viúva, também idosa e sem saúde, deixou o estabelecimento nas mãos de um sobrinho, já que o casal não tivera filhos.

– A mulher me disse que seu sobrinho não tem juízo e está colocando o comércio a perder, com jogatinas e bebedeiras. Veja, o valor que ela está pedindo pelo ponto é bem inferior ao que ele vale. Há bastante mercadoria em estoque e o aluguel é baixo, pois se trata de contrato muito antigo.

Vendo a empolgação de Erasmo, e sem entender nada de negócios, animei-me também e apoiei a sua decisão.

Seis meses depois de ter efetuado a transação, que minou boa parte de nossas finanças, ele estava desesperado.

– Aqueles malditos me enganaram – Erasmo disse, socando a mesa de jantar. – Nenhum freguês entra naquela espelunca, as mercadorias do estoque estão deterioradas e o senhorio está pedindo um absurdo para renovar o contrato de locação, que vence nos próximos dias.

– O que pretende fazer? – perguntei com aflição. Eu me sentia culpada por tê-lo apoiado na compra do armazém.

– Fechar a espelunca – ele respondeu bufando. – Se insistir em manter as portas abertas, vou acabar arranjando mais dívidas ainda.

E foi o que fez. Fechou o armazém e andou amuado por uns dias, retraído, sentindo-se um idiota.

Passados dois meses, meu marido surgiu com outra novidade.

– Desta vez vai dar certo – garantiu. – Vou abrir uma loja de tecidos, pois é um tipo de comércio que praticamente não existe na cidade.

E lá se foi mais uma boa quantia em dinheiro que não trouxe retorno algum, já que ele não entendia nada sobre tecidos e não encontrou quem o ajudasse o suficiente. Um ano depois de aberta, a loja foi vendida por um valor infinitamente menor do que Erasmo havia gasto para montá-la.

Nova decepção. Novo amuo, reclusão, constrangimento... Até voltar o ânimo para a terceira investida comercial.

– Agora é para valer – ele garantiu. – Trata-se de uma sociedade com o dono da única farmácia da cidade. Rendimento garantido e possibilidade de abertura de duas filiais muito em breve, em outros municípios da região.

Erasmo expôs uma papelada cheia de números sobre a mesa de jantar e me mostrou, apontando com o dedo indicador o quanto a farmácia lucrava por ano. Ressabiada em função dos dois fracassos anteriores, fiz uma pergunta relativamente simples:

– Se dá tanto lucro assim, por que o proprietário precisa de um sócio?

Em vez de refletir sobre a coerência da pergunta, Erasmo ficou zangado e disse que, na condição de esposa, eu deveria apoiá-lo e não ficar questionando a sua sensatez.

– Ele está com planos de ampliar os negócios, abrir filiais. Eu já não o disse? Acha, por acaso, que eu não estudei tudo direitinho? Que não tenho certeza do que estou fazendo?

Eu achava que não, mas preferi fingir que sim.

– Desculpe-me. Só perguntei por perguntar. É claro que você tem o meu apoio incondicional. Vá em frente.

Minha resposta fez com que ele mudasse subitamente de humor. Voltou a sorrir e a fazer contas, mostrando-me que em dois ou três anos recuperaria tudo o que havia perdido nos negócios anteriores e ainda iria contabilizar um bom lucro.

Eu realmente torcia para que tudo desse certo. Com as meninas crescendo, as despesas aumentavam cada vez mais e, além de não termos ganhado nada desde que nos mudamos para aquela cidade, andávamos acumulando grandes prejuízos.

A sociedade na farmácia praticamente esgotou as nossas economias e durante quase um ano esteve muito bem. O problema foi que não ocorreu nenhum crescimento, apesar da quantia investida pelo meu marido, que acabou se tornando uma espécie de empregado de seu sócio.

Um dia, Erasmo chamou o homem para uma conversa muito séria sobre o andamento dos negócios e a discussão terminou em briga, pois o sócio se sentiu ofendido.

– Está achando que eu sou algum estelionatário? Que vou lhe aplicar um golpe? – ele perguntou, demonstrando uma indignação difícil de convencer que fosse real.

– Por enquanto, não – meu marido respondeu. – Mas, dependendo do que ocorrer, não só vou chamá-lo publicamente de golpista como vou denunciá-lo à polícia.

Enfim, a situação ficou insustentável e mais uma vez, para que o prejuízo não fosse maior, Erasmo resgatou o que conseguiu e se desiludiu de vez. Definitivamente, não levava jeito para ser comerciante.

Depois desses insucessos, meu marido, visivelmente desanimado, disse-me:

– Jandira, infelizmente terei de fazer uma coisa que eu não gostaria.

Àquelas alturas dos acontecimentos, nós já havíamos conversado diversas vezes sobre a precária situação financeira em que nos encontrávamos. E, toda vez que Erasmo me procurava para debatermos o assunto, eu morria de medo de ele propor que voltássemos a morar na fazenda dos meus sogros. Por isso, considerando que sua decisão tivesse algo a ver com a possibilidade do retorno, fui logo ponderando:

– Precisamos pensar no futuro das meninas. Elas estão indo bem na escola. Daqui a pouco terão de fazer faculdade, e aqui estamos tão próximos de São Paulo...

– Não precisa me lembrar disso – meu marido interrompeu-me a fala. – Eu não pretendo tirá-las daqui, mas terei de trabalhar por mais algum tempo com o meu pai. Pelo menos até que nossa situação financeira se normalize.

– Mas a fazenda do seu Orlando está a mais de trezentos quilômetros. Como você poderá trabalhar lá, se estamos morando aqui?

– Estou pensando em ir sozinho.

– Sozinho?

– Sim – ele explicou depois de um breve silêncio. – Você e as meninas ficam aqui e tocam a vida. Eu dou um jeito de vir visitá-las pelo menos duas vezes por mês. Trago dinheiro para o sustento da casa e matamos a saudade.

A possibilidade de não ter que voltar a conviver com minha sogra me tranquilizou, mas a ideia do distanciamento de meu marido provocou certa tristeza em meu coração. Em todos aqueles anos de casados nunca havíamos ficado mais do que dois ou três dias sem nos vermos.

Porém, por mais que eu e as meninas discordássemos, não houve jeito. Para nossa tristeza e grande alegria de dona Marina, Erasmo acertou os detalhes e voltou a trabalhar com meu sogro. Seu ofício agora era comercializar as plantas, fazendo contato com clientes da capital. Essa venda direta aos varejistas, em vez de ser feita aos atacadistas, aumentava bastante a margem de lucro.

Assim, durante mais de dois anos, Erasmo viajava de caminhão da fazenda do pai para São Paulo, duas vezes por semana, na companhia de dois ajudantes, para fazer entregas e comprar insumos, sementes e demais especiarias para o cultivo. Entretanto, meu sogro já estava cansado de lidar com as terras e, com a saúde debilitada por causa de umas fortes dores de cabeça que o atacavam quase todos os dias, fez uma proposta definitiva ao filho:

– Ou você assume inteiramente os negócios, ou paramos por aqui.

Erasmo não se entusiasmou. Havia reassumido aquelas atividades apenas por falta de opção, praticamente pelo desespero de não saber de onde tirar dinheiro para sustentar a família.

Mas foi justamente a experiência profissional daqueles dois anos e meio que despertou nele a verdadeira vocação. Ele adorou trabalhar viajando pelas estradas e, com mais algumas economias que fizera e um pouco mais de dinheiro que o pai lhe deu, comprou uma carreta, com a qual passou a transportar diversos tipos de mercadoria. A princípio, apenas entre o interior e a capital do estado de São Paulo. Porém, com o passar dos anos, as viagens foram se estendendo para outros estados e meu marido chegava a ficar até dois meses sem aparecer.

Assim, eu e as meninas acabamos nos acostumando com a ausência de Erasmo em casa, e ele se tornou uma espécie de hóspede de luxo. Mal fazíamos festa quando ele aparecia e já começávamos a contar os dias ou até mesmo as horas que ele permaneceria ao nosso lado antes de voltar a sumir no mundo.

Porém, essa ausência era recompensada pelo retorno financeiro, pois, a partir de então, não voltamos mais a enfrentar problemas de falta de dinheiro e, nesse quesito, a vida se tornou relativamente tranquila.

Sob constantes reclamações minhas e das meninas, Erasmo providenciou uma reforma na residência, mandando inclusive construir o banheiro em seu interior, já que a prefeitura havia iniciado as obras de escoamento de esgoto subterrâneo no centro da cidade e a rua onde morávamos foi uma das primeiras a ser contemplada.

A decisão do meu marido acabou sendo apressada por causa de um episódio assustador, ocorrido com Marlene. Ela havia comido alguma coisa que não lhe fizera bem, provocando uma forte diarreia. Para evitar ter de ir à casinhola à noite, usávamos um urinol que ficava embaixo da cama. Mas, como o caso era mais complicado, ela precisou usar o banheiro externo e saiu de casa sem falar com ninguém, possivelmente por não querer incomodar.

Havia uma lâmpada no banheiro, mas a menina estava tão apertada, que não teve tempo de acendê-la, sentando-se às escuras no caixote que servia de vaso sanitário. Enquanto se aliviava, sentiu algo frio e escorregadio deslizando sobre os seus pés. Apavorada, levantou-se num salto, acendeu a lâmpada e se deparou com uma cobra imensa, praticamente enrolada em suas pernas.

O grito que ela deu foi tão alto, que eu e as outras meninas acordamos e fomos correndo para acudi-la. Erasmo, em sua interminável rotina de viagens, não estava em casa também naquela noite. A cena com que nos deparamos foi terrível: Marlene estava desmaiada no chão da casinhola, e a cobra, enrolada em suas pernas, parecia lamber-lhe o rosto com sua horripilante língua bifurcada.

Márcia e Mirian começaram a chorar, achando que a irmã estivesse morta. Eu mal conseguia ficar em pé, pois minhas pernas estavam trêmulas. Fiquei paralisada, sem saber o que fazer. Se tentasse espantar ou matar a cobra, ela poderia se tornar agressiva. Então me veio uma forte inspiração para rezar. Elevei o pensamento a Deus e pedi a Ele que protegesse a minha filha. De repente, uma serenidade incrível me envolveu, senti-me segura e minhas pernas se firmaram no chão.

A cobra começou a se mover lentamente, desenroscou-se das pernas de Marlene e rastejou para fora do banheiro, infiltrando-se no matagal de um terreno baldio que fazia divisa com o quintal da nossa casa e que era demarcado por um precário cercadinho de bambu.

Mirian, que sempre foi muito atirada, muniu-se de um pedaço de pau e ameaçou perseguir o réptil medonho, mas eu não deixei. Arranquei a madeira da mão dela e ordenei que deixasse a cobra em paz. Apanhei Marlene no colo e corri para dentro de casa. Despi-a e verifiquei, com grande alívio, que ela não fora picada. Quando a menina voltou a si, não se lembrava do ocorrido e, por incrível que pareça, estava curada da diarreia.

Em vários momentos da vida, pareceu-me que a imagem daquela cobra enorme enrolada nas pernas de Marlene voltava a se repetir. Aliás, não somente nas pernas de minha filha do meio, mas também nas de Márcia e de Mirian. Às vezes, dava a impressão de que um invisível e monstruoso réptil enroscava-se nas três ao mesmo tempo, envolvendo também a mim e meu marido naquele enlace tenebroso.

Certa vez eu li que o sossego de uma mulher dura até o momento em que ela se torna mãe. Achei aquela afirmação exagerada e de extremo mau gosto, mas, com o tempo, acabei concordando pelo menos em parte com o autor dessa pérola.

Minhas meninas cresceram rápido demais. Quando me dei conta, elas estavam morando na imensa metrópole que é a capital de São Paulo, cursando faculdade. Alugamos um pequeno apartamento na zona oeste da cidade para que elas tivessem onde ficar durante os estudos. As três moravam juntas e, aparentemente, se entendiam bem.

Eu e Erasmo permanecemos no interior, mas ele vivia muito mais nas estradas do que em casa. O fato de as meninas passarem a morar na capital não alterou em nada a sua rotina. Aos poucos, fui me apegando à solidão e passei a gostar de viver daquele modo.

De vez em quando eu viajava para São Paulo – uma viagem que durava pouco mais de uma hora de ônibus – e passava uns dias no apartamento de minhas filhas. Nessas ocasiões, eu fazia compras no mercado, ia à feira e adquiria produtos saudáveis com os quais preparava refeições para elas. Quando estava ausente, eu tinha certeza de que as três se alimentavam apenas de comidas industrializadas, biscoitos e sucos artificiais.

Em alguns fins de semana, elas iam para casa. Às vezes, as três; outras vezes, apenas uma ou duas delas. No período das férias, a casa voltava a se encher e, além de todos os quartos ficarem reocupados, minhas filhas costumavam levar amigas para passarem uns dias conosco.

No início dessas visitas, eu ficava muito animada. Fazia as comidas prediletas de cada uma, acompanhava-as a passeios pelos arredores da cidade, onde eram comuns os banhos de cachoeira, e dava total atenção às suas amigas, mesmo quando me aborreciam com atitudes e conversas triviais.

Porém, no decorrer dos dias, eu sentia uma vontade imensa de ficar sozinha, de refugiar-me em minha solidão. E era uma necessidade tão grande, que algumas vezes, inventando uma desculpa qualquer, eu as deixava no interior e seguia para São Paulo, onde o pequeno apartamento que elas ocupavam no período letivo me esperava vazio e silencioso em época de férias escolares.

Esse recolhimento voluntário tinha o objetivo de me colocar em sintonia com os ressentimentos mais íntimos, mostrando-me o quanto o mundo era injusto comigo e quantas razões eu tinha para me queixar da vida.

DIFERENTES PERSONALIDADES

"Deus nos deu, para nosso adiantamento, justamente o que nos é necessário e pode nos bastar: a voz da consciência e nossas tendências instintivas, e nos tira o que poderia nos prejudicar."

(O Evangelho segundo o Espiritismo – Capítulo 5 – Item 11 – Boa Nova Editora)

Márcia se tornou uma moça caprichosa, organizada com suas coisas e extremamente focada naquilo que considerava seu sucesso existencial. Sonhava com uma vida financeiramente bem-sucedida e se apegava aos estudos até com certo exagero, para garantir a realização de seus sonhos.

Tinha uma personalidade forte e determinada, parecida com a do pai. De negativo, mostrava-se ambiciosa e não se constrangia em expor seu lado egoístico e o exagerado apego às coisas que lhe pertenciam.

Das três, era a única que desde pequenina não emprestava roupas, calçados, livros ou qualquer outra coisa que lhe pertencesse. Quando uma das irmãs pedia, por exemplo, que ela lhe emprestasse uma blusa, ela dizia:

– Não. Porque depois as pessoas vão pensar que a blusa é sua e que fui eu que a peguei emprestada.

Se o pedido fosse de um calçado, a resposta era quase sempre assim:

– Não. Seu pé é maior que o meu e vai alargar o meu sapato.

Assim, o pequeno mundo de Márcia era impenetrável, e tudo o que lhe pertencia era resguardado com a tenacidade de um guardião atento e severamente austero.

Marlene era calada, tinha um olhar místico, naturalmente triste e perscrutador. Gostava de poesia, ópera e dança clássica. Na infância, andara se aventurando no balé, mas acabara desistindo por não suportar as dores nas pontas dos pés. Cursou Artes e se revelou uma boa artista plástica. Depois de formada, além de continuar pintando quadros, assumiu a gerência de uma importante galeria de arte com alcance internacional. Desse modo, passou a viver mais tempo no exterior do que no Brasil.

Marlene nunca apresentou à família um namorado sequer. A impressão que eu tinha era a de que ela não ligava para essas coisas, pois nunca tocava no assunto. Se alguém fizesse algum comentário nesse sentido, ela desconversava e, se houvesse insistência, sua resposta era sempre a mesma:

– Meu príncipe encantado ainda está por nascer.

Eu me preocupava, mas de certo modo entendia o posicionamento dela. O bom gosto que Marlene possuía exigiria um homem muito especial para completá-la. Quantos homens sensíveis existem no mundo?, eu me perguntava. Pelo menos no mundo em que eu vivia dava para contar nos dedos de uma única mão e ainda sobravam dedos.

Então eu fazia coro à Marlene, repetindo um dos bordões mais antigos e corretos de que se tem conhecimento:

– É melhor estar sozinha do que mal-acompanhada.

Mirian era irrequieta, geniosa, intempestiva e rebelde. Na adolescência já aprontava. Começou a fumar e a tomar cerveja às escondidas aos quinze anos. Aos dezesseis, havia namorado quase todos os garotos da cidade. Inúmeras foram as preocupações que nos causou. Erasmo chegou mesmo a surrá-la algumas vezes, mas não adiantava nada.

Quando era colocada de castigo, trancada em seu quarto, ela pulava a janela de madrugada para ir se encontrar com a sua turma, principalmente com os músicos de uma banda de rock na qual tocava guitarra.

Entretanto, apesar de toda essa inquietude, era a mais carinhosa e altruísta das três. Era a única que se preocupava em regar as plantas do jardim que cultivávamos no quintal e, de vez em quando, aparecia com um filhote de cachorro ou gato que encontrara abandonado na rua. Alimentava-o, dava banho e saía em busca de um lar adotivo para o animalzinho.

Com o passar do tempo, o lado irresponsável de sua personalidade começou a lhe trazer sérios problemas. Mirian andou se envolvendo com drogas ilícitas e teve muita dificuldade para se livrar do vício. Seus relacionamentos afetivos também geraram conflitos, agressões físicas e pelo menos um aborto de gravidez indesejada.

Na faculdade, iniciou três cursos diferentes e não terminou nenhum. Ela continuava impermeável a conselhos, mesmo quando nos procurava, chorosa, para expor essa ou aquela encrenca em que se metera justamente por não nos ouvir.

A mesma instabilidade que tinha nos relacionamentos afetivos repetia-se na vida profissional. Mirian vivia pulando de um emprego para outro, sempre na expectativa de que o próximo seria melhor que o anterior.

Com isso, desenvolveu uma tremenda ansiedade e sua vida financeira era tão instável quanto um trapézio. Várias vezes meu marido e eu tivemos de socorrê-la com suas contas impagáveis, pois nesses períodos de crise costumava se isolar em casa e passar os dias trancafiada no quarto, sem sequer acender a lâmpada do abajur.

Quando se apaixonou pelo Fernando, por volta dos trinta anos de idade, Mirian criou um pouco de juízo. Tornou-se mais séria e compenetrada por um tempo, deixou os vícios e passou a usar roupas sóbrias e bem-comportadas; logo ela, que sempre adorou expor pernas e busto.

Entretanto, o bom relacionamento entre os dois durou apenas três ou quatro anos. Logo depois do nascimento de Emily, uma grave crise tomou conta da vida do casal e a separação foi inevitável. Culpa de quem? Confesso que até tentei desvendar esse mistério, mas, toda vez que conversava com Mirian, ela me convencia de que a culpa era do Fernando, acusando-o de infidelidade e ausência.

Do mesmo modo, quando ia conversar com o meu ex-genro, ele me convencia de que a culpa era da minha filha, acusando-a de ser arrogante, gastadeira e irresponsável. Uma única vez eu tentei administrar um diálogo a três e quase enlouqueci de tanto ouvir acusações recíprocas, aos gritos. Por pouco não tive que chamar a polícia, já que a discussão quase se transformou em briga.

Então desisti de tentar entender as razões de tanta divergência e parei de emitir opiniões. Minha preocupação passou a se concentrar no bem-estar de Emily, a netinha tão querida que, afinal de contas, era a única inocente naquela história.

RENANZINHO

> *Deus não faz prova acima das forças daquele que a pede; não permite senão aquelas que podem ser cumpridas; se não se triunfa, não é, pois, a possibilidade que falta, mas a vontade.*

(O Evangelho segundo o Espiritismo – Capítulo 14 – Item 9 – Boa Nova Editora)

Márcia estava no último ano do curso de Administração de Empresas quando conheceu Caio. Segundo disseram, foi amor à primeira vista. Entretanto, ambos tinham planos importantes para a carreira profissional e não permitiram que o namoro atrapalhasse seus projetos.

Quando decidiram se casar, apesar de serem ainda bem jovens, já estavam empregados: Márcia como gerente administrativa em uma agência bancária e Caio no cargo executivo de uma empresa multinacional do ramo de produtos alimentícios.

Após rápida viagem em lua de mel pela Europa, ocuparam a casa comprada num curto financiamento. Tratava-se de uma residência linda, de razoável tamanho, situada num bairro elegante de São Paulo. Com o passar dos anos, o imóvel, que era cercado por um imenso terreno, foi ampliado e se tornou praticamente uma mansão.

Caio era um grande empreendedor e decidiu, em conformidade com minha filha, montar uma empresa de importação de produtos eletrônicos. Unindo a experiência deles nas áreas comercial e administrativa, o empreendimento foi um sucesso.

Mas o ambiente cercado de luxo e conforto que conquistaram não ofereceu aos dois a felicidade que esperavam obter. Pelo menos era desse modo que eu os via. Eles trabalhavam demais, tinham pouco tempo para gozar a vida e, mesmo nos raros encontros que promovíamos em família, era difícil vê-los descontraídos, falando sobre amenidades. Suas conversas giravam sempre em torno de finanças e conquistas materiais.

Mesmo contra a vontade dos dois, Márcia acabou engravidando. No último mês de gestação, pediu-me que lhe fizesse companhia e eu fui com a maior boa vontade. Sabia bem o que significava a insegurança do primeiro parto. Assim, pude acompanhar de perto o nascimento do meu primeiro neto, por quem me apaixonei à primeira vista.

Eu achava que a minha capacidade de amar havia se esgotado. Pensava que minhas filhas houvessem "sugado" todo o meu manancial afetivo, mas me surpreendi com um amor imenso a envolver-me a alma ao olhar para o rostinho miúdo de Renan. Com aquele bebezinho tão frágil em meu colo, mirando naqueles olhinhos que mal conseguiam se expor à claridade do mundo, chorei de emoção. Um choro gostoso, misto de paz, gratidão e alegria.

Dois meses depois do nascimento de Renan, Márcia contratou duas babás para cuidarem dele em tempo integral e retomou sua rotina de trabalho. Eu achei que aquilo não estava correto e tentei convencê-la a fazer diferente.

– Filha, você não tem necessidade de voltar tão depressa às atividades profissionais – ponderei. – Você e seu marido possuem uma situação financeira privilegiada e você poderia curtir um pouco mais a sua condição de mãe. Poderia ficar mais uns meses com o Renanzinho...

– Mãe, a nossa condição financeira privilegiada, como a senhora diz, só existe porque batalhamos muito para isso. Se nos acomodarmos, tudo o que construímos pode virar poeira, sabia?

– Mas filha...

– Mãe, eu agradeço o fato de a senhora ter vindo me ajudar a cuidar do meu filho durante esse tempo, mas agora está tudo bem. As babás vão cuidar dele e eu vou voltar a trabalhar ao lado do meu marido, que está precisando muito de mim lá na empresa.

Márcia aumentou bastante o tom de voz ao dar esse ultimato e isso me deixou irritada.

– Com quem você pensa que está falando? – gritei com o dedo em riste. – Você pode estar crescidinha agora, mas ainda é minha filha e me deve respeito. Não admito que levante a voz para falar comigo.

Márcia amuou um pouco, mas não baixou a cabeça.

– A senhora também não devia meter tanto o bedelho em minha vida – ela falou, encarando-me. – Como disse, eu já estou bem crescidinha e sei me virar muito bem.

Naquele momento eu percebi o quanto ela se parecia com a avó paterna, e essa constatação – não sei se real ou fruto do calor da discussão – me fez sentir muito mal. Na verdade, minha relação com Márcia nunca fora das melhores, pois ela demonstrava clara predileção pelo pai. Isso nunca havia me incomodado antes, mas agora, vendo nela uma cópia fiel da mulher que me atazanara a vida por dez anos e que fizera tão graves acusações contra a minha mãe, um forte sentimento de repulsa me envolveu inteiramente.

– Está bem – eu disse com a voz trêmula pela indignação. – Faça como achar melhor, mas não se arrependa depois. Coloque seus interesses financeiros à frente do filho lindo e saudável que Deus lhe deu e sofra as consequências disso em silêncio, sem se queixar comigo e sem me pedir guarida.

Márcia empalideceu ao ouvir as minhas palavras.

– Mãe! Você está rogando praga? Quer que eu seja infeliz?

Apanhei meus pertences em silêncio e só quando estava saindo voltei-me para ela e respondi:

– Se você for infeliz, Márcia, não será por causa de praga minha, mas das suas próprias escolhas. Passe bem, minha filha!

Saí dali tão desnorteada que custei a decidir qual rumo tomar. Finalmente embarquei em um táxi que me deixou no terminal rodoviário. Lá tomei o primeiro ônibus para o interior e cheguei em casa no finalzinho da tarde.

Durante todo o percurso da viagem, a discussão com Márcia ficara se reprisando em minha mente e aquilo mexeu muito com as minhas emoções. A imagem do rostinho delicado do Renan me enchia de afeto e compaixão, e o semblante duro de minha filha a me afrontar, mesclando-se ao de dona Marina, deixava-me muito desassossegada.

Dormi mal naquela noite. Senti fortes dores no estômago, precisei tomar antiácidos e tive pesadelos horríveis que não ocorreram com muita clareza, mas que envolviam cenas de brigas, acidentes, abandono, lágrimas e sangue. Enquanto esse cenário se projetava confusamente, uma voz irritante, parecida com a de dona Marina, me dizia aos gritos:

– Que vida miserável a sua, Jandira!

Eu tentava desvendar de onde vinha aquela voz, mas só me deparava com escuridão.

– Onde estão os seus amores, Jandira?

E o som da voz parecia aumentar como se estivesse bem próximo.

– Você está cercada de pessoas que fingem gostar de você, mas no fundo a odeiam, porque você não presta.

Então a voz se afastava e gerava eco, como se fosse proferida do fundo de uma gruta.

– Cadê o seu marido, Jandira? O que estará fazendo neste momento?

Acordei em meio ao pesadelo, com a sílaba tônica da última palavra repercutindo em meu campo mental: *ento-ento-ento*... Depois tudo silenciou. Apenas o latido distante de um cachorro ecoava no silêncio da madrugada.

De repente tudo se tornou muito triste e desolado à minha volta. Senti-me tão desamparada quanto no dia em que fui deixada na casa paroquial. Pior, agora não havia a mão robusta do padre Gusmão a envolver a minha, nem a promessa, ainda que falsa, do meu pai de vir me resgatar. Aliás, já não havia nem mesmo a lembrança de seu semblante em minha memória, apenas um reflexo desfocado de sua discreta calvície, da barba cerrada e da magreza cadavérica de seus braços a me sustentarem no colo.

Onde Erasmo estaria? O que estaria fazendo àquela hora? Essas perguntas realmente mexeram comigo. Eu não era uma mulher ciumenta e nunca tive razões para colocar em dúvida a fidelidade do meu marido. Aliás, nunca havia parado para pensar sobre esses assuntos. Vivia compenetrada em minhas atividades, cumprindo fielmente o meu papel de mãe, esposa e dona de casa. Em minha concepção, as outras pessoas também não cometiam os erros que eu não tinha coragem nem vontade de cometer.

Eu e meu marido não vivíamos uma relação afetiva muito intensa, mas até então sentíamos prazer em estar juntos, conversar, fazer planos e, é claro, namorávamos às vezes. Isso era mais do que suficiente para que eu me sentisse realizada. Nunca parei para pensar se seria o mesmo para ele, até o momento em que a voz do pesadelo me chamou a atenção para o assunto, apenas fazendo duas intrigantes perguntas, para as quais eu não tinha resposta: "Cadê o seu marido, Jandira? O que estará fazendo neste momento?" E essas novas inquietações se juntaram às outras que já martirizavam minha alma.

O entrevero com Márcia só serviu para me distanciar ainda mais dela, uma vez que nossa relação já não era de muita proximidade. O problema era que agora havia o Renanzinho e eu tinha muita vontade de vê-lo, de estar próximo a ele; afinal, era o meu primeiro neto. Porém, minha filha dificultava o máximo possível esses encontros. Ela nunca esteve em minha casa com o menino e, nas poucas vezes que arranjei coragem para ir à casa dela, fui tratada com frieza e descaso.

UM AMOR DIFERENTE

"Todo homem bastante orgulhoso para se crer superior, em virtude e em mérito, aos seus irmãos encarnados é insensato e culpável, e Deus o castigará no dia da sua justiça."

(O Evangelho segundo o Espiritismo – Capítulo 10 – Item 18 – Boa Nova Editora)

Marlene já havia se formado e, como eu disse, trabalhava com exposições internacionais de artes plásticas. Nessa função, viajava amiúde para outros países, principalmente para a França, país de origem da empresa para a qual prestava serviços. A essas alturas, havia adquirido um belo apartamento em um bairro elegante de São Paulo e um veículo importado, de última geração; recebia um salário muito bom e tinha uma vida independente em todos os sentidos.

Certa vez, ela levou uma amiga chamada Dorothy para passar uns dias em minha casa. Adorei a visita; Marlene continuava sendo uma pessoa muito reservada e praticamente não tinha amigos. De minhas três filhas, era a mais bonita, elegante e culta. Por esses motivos, cada vez que a olhava, eu me convencia da impossibilidade de ela se envolver com um homem que não possuísse especialíssimas qualidades físicas, morais e intelectuais, e já começava a admitir o fato de ter uma filha solteirona.

Achei Dorothy uma pessoa incrível; linda, inteligente, educadíssima... Filha única, havia nascido na França e viera com os pais para o Brasil aos cinco anos de idade. Seu pai trabalhava como diretor de artes e era ligado a cinema, teatro, TV ou qualquer coisa assim. Ela explicou, eu não entendi direito, mas não quis fazer muitas perguntas, para não expor minha ignorância no assunto e acabar envergonhando Marlene.

Até aí estava indo tudo muito bem. O problema foi que comecei a notar certas intimidades na relação das duas, que não havia como passarem despercebidas. Elas trocavam olhares cúmplices, acariciavam o rosto e os cabelos uma da outra de forma muito delicada, cochichavam rindo o tempo todo e, às vezes, enquanto conversavam, seus rostos ficavam tão próximos que os lábios quase se tocavam.

Ora bolas, eu não era ignorante a ponto de desconhecer o universo das relações humanas ditas "não convencionais". Sabia de casos e conhecia alguns homossexuais. Conhecia também umas três mulheres que eram assumidamente lésbicas. Porém nunca imaginei que um dia fosse lidar com essa questão dentro de minha casa. Eu pensava ter oferecido às meninas uma criação que as impedisse de trilhar um caminho diferente do que eu julgava como ideal.

A conduta irresponsável de Mirian e a ambição desmedida de Márcia, embora também me gerassem preocupações e a desagradável sensação de ter fracassado ao educá-las, eram, dentro dos meus conceitos, bem mais aceitáveis. Eu estava me sentindo muito mais incomodada e desconfortável com aquele comportamento extravagante da Marlene do que com todos os desarranjos das outras duas. Tentei fingir que não estava vendo nada daquilo, que poderia ser engano, mas coração de mãe dificilmente se engana.

Havia dois dias que Dorothy e Marlene estavam comigo. Erasmo fazia mais uma de suas longas viagens pelo país. Mirian e Márcia cuidavam de suas vidas e quase não apareciam mais. Precisei sair para fazer umas compras e convidei Marlene para ir comigo:
– Não quer me acompanhar ao armazém?
Ela olhou para Dorothy e perguntou:
– Vamos lá com a mamãe?
Sua amiga acenou com a cabeça em um sinal negativo e piscou o olho. Então Marlene disse que elas esperariam em casa e eu, apesar de desconfiada, naquele momento não vi malícia em nada daquilo. Estava preocupada apenas em fazer as compras, pois a despensa se encontrava quase vazia.
Porém, logo que cheguei à rua, percebi que o tempo estava fechado, o céu carregado de nuvens escuras. Naquela semana haviam caído uns aguaceiros terríveis na cidade. Então resolvi voltar para pegar o guarda-chuva e tive a desagradável surpresa de encontrar Dorothy e Marlene se beijando voluptuosamente no sofá da sala. E elas estavam tão compenetradas naquele beijo, que custaram a notar a minha presença. Eu estava ali em pé, olhando-as e sentindo um misto de nojo, raiva e indignação.
– O que está acontecendo aqui? – vociferei. Elas se separaram e se encolheram assustadas. – Vamos, Marlene, diga o que significa isso – insisti encarando minha filha, que estava extremamente pálida.
– Mãe... É que... Por que a senhora voltou?

— Por que eu voltei? Você quer que eu lhe dê satisfação da minha vida depois do que acabei de ver aqui?

Dorothy se recompôs mais rápido e tentou argumentar com um pouco mais de serenidade:

— Dona Jandira, a gente pode se explicar. Mas a senhora precisa ficar calma.

Suspirei fundo e sentei no outro sofá.

— Está bem. Apesar de tudo, eu estou relativamente calma. Podem se explicar.

Marlene continuava em silêncio, cabeça baixa, evitando me encarar. Foi Dorothy quem falou:

— Dona Jandira, eu e a sua filha nos amamos. Nós estávamos esperando o momento mais propício para dizer isso à senhora. É que estava faltando coragem, principalmente para a Marlene. Ela estava morrendo de medo da sua reação e, pelo jeito, tinha as suas razões.

— Mas é claro que tinha. A Marlene me conhece o suficiente para saber que eu jamais aceitarei uma relação dessas em minha casa. Nem eu nem o meu marido. Somos pessoas de bem, fomos bem-educados e vivemos conforme as leis de Deus... — Na verdade, nem sei por que apelei para Deus, pois religião era uma coisa que andava muito longe de nossas vidas.

— Dona Jandira, se a senhora puder olhar para esta situação de um modo mais compreensivo...

Marlene finalmente resolveu interferir. Interrompeu a fala de Dorothy espalmando a mão em direção a ela, olhou-me com uma serenidade surpreendente e disse:

— Mãe, eu não vou implorar para a senhora me aceitar como sou, até porque não vejo nenhum mal em ser assim, mas vou me sentir melhor se pudermos nos entender. A primeira coisa que eu quero lhe garantir é que não há culpados nessa história, então não há razão para ficar se culpando ou pondo a culpa em qualquer outra pessoa. Ocorre que a minha natureza é diferente da de minhas irmãs. Assim como não há nada de errado no fato de elas se sentirem atraídas afetiva e sexualmente por homens, não há nenhuma anomalia por eu não sentir a mesma coisa. Não sou melhor nem pior do que a Márcia e a Mirian; sou apenas diferente delas no que se refere a essa questão.

Embora dizendo que não iria implorar para nos entendermos, as palavras de Marlene tinham um tom apelativo, quase implorando para que eu aceitasse os seu argumentos. Estava claro que ela queria muito que eu visse tudo aquilo como uma condição normal. Porém, alguma coisa relutava dentro de mim. Admitir que minha filha era lésbica seria compactuar com algo que não me entrava no juízo como sendo natural e razoável.

– Marlene, eu sempre sonhei com você e suas irmãs se casando, constituindo família, me dando netinhos...

Dorothy fechou os olhos e meneou a cabeça para os lados, como se me acusasse de falar besteiras. Porém quem rebateu foi minha filha, agora sem muita paciência:

– E felicidade, mãe? Onde entra o quesito felicidade no seu sonho de vida perfeita para as suas filhinhas queridas do coração? Aliás, se o sonho é seu, eu não deveria nem estar inserida nele, até porque o meu conceito sobre perfeição é muito diferente do seu modo rígido e antiquado de ver a vida.

Aquilo realmente me irritou e respondi à altura:

– Acontece que eu tenho uma visão racional sobre a vida, enquanto você, no desespero de buscar felicidade a qualquer preço, fica criando ilusões, achando que encontrará em uma mulher a realização afetiva que não consegue encontrar em alguém do sexo oposto. Para mim não há nada de natural nisso. Para mim isso é anomalia sim, distúrbio psicológico, tentação demoníaca ou qualquer coisa nesse sentido. Natural é que não é. Isso eu garanto!

Minhas palavras ficaram ecoando no ar, porque foram seguidas de um silêncio tumular. Dorothy estava de cabeça baixa e eu percebi que chorava baixinho. Marlene se levantou, puxou-a pelo braço e as duas saíram da sala. Enquanto se distanciavam, ouvi quando minha filha disse a ela:

– Eu não falei que não ia dar certo? Conheço dona Jandira e sabia que ela jamais aceitaria.

– O que vamos fazer? – Dorothy perguntou entre soluços.

– Pegar nossas coisas e ir embora imediatamente.

Permaneci sentada no sofá, praticamente sem me mover. A impressão que eu tinha era a de que mil demônios se digladiavam em minha cabeça. Algo me dizia para ser flexível e propor um diálogo mais compreensivo com Marlene, mas a estranha sensação de estar sendo trapaceada era muito forte e despertava um ressentimento difícil de ser vencido. As palavras de minha filha chamando-me de rígida e antiquada feriam-me como espinhos.

Minutos depois, as duas passaram pela sala levando suas mochilas. Dorothy foi a primeira a sair e não se despediu. Marlene parou à porta com parte do corpo já na varanda; apenas acenou com a mão e disse:

– Adeus, mãe!

Olhei para ela e não a reconheci. Marlene me pareceu uma pessoa totalmente estranha naquele momento. Meu coração se dividiu em duas partes: uma se entristeceu e sugeriu choro; a outra se revoltou e sugeriu briga.

– O que seu pai irá pensar disso? – perguntei com voz desanimada, mas ainda tentando dissuadi-la.

Marlene sorriu e eu notei um sutil ar de afronta naquele sorriso.

– O papai já sabe de tudo e não vê nenhum problema. Aliás, ele gosta muito da Dorothy e nos alertou de que iríamos ter problemas com a senhora.

Aquela resposta me surpreendeu. Levantei-me em um salto, mas Marlene foi mais rápida. Quando saí à varanda, ela já estava entrando no carro, com Dorothy ao volante. O veículo partiu em alta velocidade e eu fiquei ali, estática, com todos aqueles demônios colocando minha mente em polvorosa.

Agora eu tinha mais um motivo para ressentimentos: Erasmo havia compactuado com aquilo e ainda me colocara como a vilã da história, a mulher rígida e antiquada que iria se opor àquele relacionamento. Ah, quando ele reaparecesse, iríamos ter uma conversa muito séria!

Quando Erasmo retornou de viagem, tivemos uma acirrada discussão sobre a atitude dele naquele episódio. Foi a conversa mais desgastante que tivemos desde que nos casamos. E o pior é que não chegamos a nenhuma conclusão. Meu marido usou vários argumentos para se defender, dizendo que não tivera coragem de me contar o que sabia e que havia aconselhado Marlene e Dorothy a conversarem comigo de modo pacífico e conciliador.

– De modo pacífico e conciliador? De que jeito, se você mesmo disse a elas que iriam ter problemas comigo, atribuindo a mim o papel de vilã? – desabafei com raiva.

Ele encolheu os ombros, virou a palma das mãos para cima e disse, fazendo um muxoxo:

– E por acaso eu falei alguma mentira? O resultado da conversa de vocês não mostra o quanto eu estava certo? Não foi um desastre?

Acabei silenciando, pois me faltou argumento para rebater. Na verdade, eu estava cansada de tudo aquilo e só queria ficar em silêncio. Fui para o quarto, tranquei a porta, joguei-me na cama e fiquei pensando no quanto os membros da minha família, de repente, começaram a me parecer pessoas estranhas. Ou seria eu a estranha entre eles? Voltei a sentir dores no estômago e precisei aumentar a dose de antiácidos para aliviá-las.

Durante os dois dias que permaneceu em casa, Erasmo ocupou um dos quartos das meninas e não houve diálogos entre nós. Ele não me procurou e eu não dei o braço a torcer. Era madrugada quando ouvi o ronco do motor da carreta. Fui até a janela da sala e, por trás da cortina, fiquei olhando o veículo desaparecer na esquina, lançando no ar um rastro de fumaça escura. Naquele momento senti que a distância entre nós estava aumentando cada vez mais e eu não tinha a menor ideia de como encurtá-la. Aliás, não tinha também certeza de querer fazer qualquer coisa para mudar aquela realidade.

Aquela foi a última vez que Marlene esteve em minha casa. Alguns meses depois de nossa discussão, fiquei sabendo que ela havia se mudado em definitivo para a França e que assumira a relação afetiva com Dorothy. Todas as vezes que me lembrava do nosso acalorado diálogo, eu ficava em dúvida sobre se havia tomado a medida certa. Então, para não dar brechas ao arrependimento, eu repetia para mim mesma, em voz alta, as palavras ofensivas que ela me dissera:

– O meu conceito sobre perfeição é muito diferente do seu modo rígido e antiquado de ver a vida.

E, como se estivesse dialogando com Marlene, eu procurava justificar a minha atitude, dizendo também em voz alta:

– Pois é, minha filha, nossos conceitos são tão diferentes, que já não cabemos no mesmo espaço. Viva o seu mundinho moderno e ilusório e me deixe tocar a vida antiquada que escolhi.

O que eu não queria admitir é que, tão ilusório quanto eu julgava ser o mundo de Marlene, era o abrigo invisível que eu pensava criar para me proteger do remorso de ter aberto um abismo imenso entre mim e minha filha do meio.

O VASO DE CRISTAL

"O Espiritismo não criou nenhuma moral nova; facilita aos homens a inteligência e a prática da moral do Cristo, dando uma fé sólida e esclarecida àqueles que duvidam ou que vacilam."

(O Evangelho segundo o Espiritismo – Capítulo 17
– Item 4 – Boa Nova Editora)

Desde os primeiros momentos de minha infância, depois que passei a viver na casa paroquial, a imagem de um vaso de cristal sempre esteve presente em minhas lembranças. Não era um vaso comum, mas uma verdadeira relíquia: grande, pesado, transparente e com arabescos em marca-d'água a enfeitar-lhe a borda.

Pois bem, à véspera do meu casamento, o padre Gusmão me deu esse vaso de presente. Fiquei feliz e intrigada ao mesmo tempo, pois eu nunca havia dito a ninguém sobre a minha grande admiração por aquele objeto.

– Gostou da surpresa? – ele me perguntou assim que abri a caixa de papelão na qual o vaso estava embalado.

– Ah, eu adorei, padre Gusmão! Mas como é que o senhor sabia que eu gosto tanto dele? Nunca falei nada sobre isso...

Ele me olhou de um modo muito carinhoso ao explicar:

– Jandira, entenda uma coisa: um gesto vale por mil palavras. Você esteve ao meu lado tempo suficiente para que eu conhecesse os seus gostos e percebesse como se comporta diante de algo que lhe agrada. Sempre notei o modo como você olhava para este vaso e o excessivo cuidado que tinha ao limpá-lo e ao trocar suas flores.

Fiquei tão emocionada que, pela primeira vez, quebrei o protocolo formal de nossa relação e o abracei calorosamente, deixando as lágrimas fluírem de meus olhos com liberdade. Notei que o padre também estava emocionado, mas ele era durão e se esforçou para represar o pranto que ameaçava aflorar naquele momento.

Desde então, esse vaso passou a ter um papel importante em minha vida. Era como uma extensão do meu passado e uma lembrança agradável do homem que cuidou de mim durante tanto tempo. Nas casas onde morei, esse objeto sempre ocupou lugar de destaque. Nunca o deixei um dia sequer sem flores fresquinhas e perfumadas, principalmente rosas brancas e amarelas, pelas quais sempre tive predileção.

Na roça havia fartura de flores e era muito fácil colhê-las. Porém, na cidade, eu as comprava em uma floricultura situada perto de minha casa. Apesar de cultivar um jardim bem florido no quintal, eu me recusava a colher as flores que ali brotavam, pois tinha a sensação de estar destruindo algo que eu mesma havia construído, e isso me parecia pouco razoável.

O dono da floricultura se chamava Valter. Era um homem respeitador, educado e sensível. Com o tempo acabamos nos tornando amigos e nossas conversas passaram do campo comerciante-cliente para questões mais pessoais. Eu soube que ele era viúvo, não tinha filhos e que nunca havia superado por completo a perda da esposa, a quem dizia amar incondicionalmente, e que morrera bem jovem, em um acidente de carro.

– Eu tenho certeza de que vou reencontrar a Consuelo – ele dizia com convicção. – Ainda voltaremos a ficar juntos.

À época, meus conceitos espirituais andavam embaçados e eu não conseguia entender de onde aquele homem tirava tanta certeza para acreditar no que dizia.

– Mas, seu Valter, a sua esposa não morreu? Como o senhor pretende reencontrá-la? – perguntei-lhe um dia.

– Aqui mesmo, na próxima reencarnação – ele respondeu. – Ou quem sabe no plano espiritual? Todos nós somos originários de lá e é para lá que retornaremos depois de deixar o corpo físico.

– Ah, o senhor é espírita.

– Graças a Deus! – ele disse espalmando as mãos sobre o peito. – Se não tivesse os conhecimentos que a Doutrina Espírita me trouxe, talvez não tivesse suportado o sofrimento que experimentei ao perder a presença física de minha esposa.

E, todas as vezes que eu ia comprar flores, o senhor Valter tinha uma história para me contar a respeito de suas experiências espirituais. Ele trabalhava em um pequeno centro espírita que havia na cidade e que era frequentado, no máximo, por umas vinte pessoas. Havia uma grande rejeição ao espiritismo naquela região. Tanto as autoridades da Igreja Católica quanto dos templos protestantes do município condenavam as práticas espirituais ali realizadas.

– Os espíritas são uns hereges – diziam esses líderes religiosos. – Eles desafiam as leis de Deus ao insistirem em conversar com os mortos. Se as almas dos homens justos vão para o céu e as dos pecadores vão para o inferno, então os mortos não podem se comunicar com os vivos, pois estão no céu ou no inferno, e não entre nós.

E a explicação era a de que, sendo Deus justo e sério, não ousaria ludibriar os homens, passando-se por almas do outro mundo e falando em nome delas. Desse modo, caberia ao demônio, que é injusto e zombeteiro, enganar os vivos ao assumir a identidade dos mortos e falar em nome destes.

Quando questionei sobre isso, o senhor Valter disse:

— Dona Jandira, a dimensão espiritual da Terra fica aqui mesmo. Nós temos uma relação tão próxima com os mortos quanto a temos com os vivos. A diferença é que, salvo raras exceções, nós não conseguimos ver aqueles que habitam o plano do espírito, mas podemos nos comunicar com eles por meio do processo mediúnico, e eu lhe garanto que nem todos são maus. Há espíritos que estão apenas confusos, necessitando de orientação para se situarem no plano em que se encontram atualmente, e há também os espíritos protetores, conselheiros e pacificadores que, já tendo alcançado um elevado grau de compreensão e bondade, atuam o tempo todo a nosso favor, ajudando-nos a vencer as nossas próprias fraquezas e ignorância.

Ele prolongava aqueles diálogos, mostrando-me o quanto havia de segurança em suas palavras, sempre com uma explicação razoável sobre os questionamentos que eu fazia. A verdade é que eu gostava de ouvir aqueles conceitos diferentes sobre a vida espiritual da humanidade e me lembrava dos embates entre Marifa e o padre Gusmão. Talvez a minha amiga de infância nem tivesse consciência dessa condição, mas seu raciocínio se enquadrava perfeitamente nos conceitos religiosos e filosóficos do espiritismo.

Um dia falei sobre ela com o senhor Valter e mais uma vez ele explicou do modo como entendia aquilo:

— Sua amiga Marifa deve ter estudado os preceitos reencarnacionistas em outra experiência de vida e, apesar de estar protegida pela lei do esquecimento, deixou aflorar fragmentos dessa doutrina em seu subconsciente. Por isso contestava as ideias arcaicas do padre Gusmão, tentando mostrar-lhe o plano espiritual por uma ótica mais razoável e crível.

— Lei do esquecimento? O que é isso, senhor Valter?

— Ah, dona Jandira, é uma verdadeira bênção que Deus nos concede a cada reencarnação. Quando a alma mergulha no corpo físico, passa por um processo de esquecimento do passado, principalmente para que os sentimentos angariados por conta das experiências de vidas passadas não atrapalhem a oportunidade de reconciliação entre antigos desafetos.

– Desafetos do passado? Como assim? De outras vidas?
– Sim, minha amiga. Como nós ainda somos muito rancorosos, o meio mais eficaz de nos reconciliarmos com o inimigo é esquecendo por um tempo o mal que nos fez e convivendo em harmonia com ele, muitas vezes dentro do próprio ambiente familiar.
– Hum... Quer dizer então que podemos ter sido inimigos dos nossos familiares?
– Exatamente, dona Jandira. Por isso a gente vê tanta divergência entre irmãos, entre pais e filhos, marido e mulher...
– Mas, se há tanta divergência e se crimes gravíssimos são cometidos entre parentes consanguíneos, significa que a lei do esquecimento não é tão eficaz assim.
– O problema não está na eficácia da lei, mas em nossa incrível capacidade de guardar mágoas, de negar o perdão a quem nos feriu e de nos recusarmos a pedir perdão a quem ofendemos. Ainda que protegidos pelo esquecimento, as tendências instintivas nos induzem à rejeição afetiva de quem está ao nosso lado, mesmo na condição de ente querido muito próximo, unido a nós por fortes laços consanguíneos.

Enquanto limpava o vaso de cristal e trocava as flores, eu ficava pensando naquela ironia da vida. Fora justamente o presente dado pelo padre Gusmão que me colocara em contato com uma pessoa que me levaria a questionar ainda mais os conceitos religiosos que ele havia ensinado.

Se o que o senhor Valter afirmava fosse verdadeiro, a ideia do sono eterno depois da morte perdia completamente o sentido. Desse modo, o mundo espiritual seria um lugar tão ativo e pulsante quanto o plano material, onde espíritos maus, medianos, bondosos e caridosos dividiam espaços e cada um realizava o que lhe competia, exatamente como ocorria entre os vivos ou "encarnados", como dizia o meu amigo florista.

Então eu ficava pensando que, se os mortos estavam tão próximos como ele afirmava, certamente o padre Gusmão, que há anos vivia entre os mortos, andava ouvindo aquelas conversas. E eu ficava me perguntando, se aquilo fosse verdade, qual seria a sua opinião a respeito de minhas conversas com o senhor Valter.

TRAGÉDIA

" Aquele que morre na flor da idade não é vítima da fatalidade, mas Deus julga que lhe é útil não permanecer por mais tempo sobre a Terra. "

(O Evangelho segundo o Espiritismo – Capítulo 5
– Item 21 – Boa Nova Editora)

Márcia estava em um dia muito atribulado. Além das intermináveis tarefas que a aguardavam na empresa, era necessário levar o Renanzinho a uma consulta de rotina com o pediatra e, precisamente naquele dia, a babá do período diurno não fora trabalhar, alegando estar doente. Então minha filha decidiu não seguir para o trabalho junto com o marido, como sempre fazia.

– Poxa, a babá tinha de faltar justamente hoje? – ela disse ao esposo, bastante contrariada, enquanto tomavam café.

Caio também se mostrou irritado com o ocorrido.

– É mesmo. Estamos cheios de problemas comerciais e eu não posso me dar o luxo de abrir mão de você ao meu lado nos próximos dias. O que pretende fazer?

Márcia suspirou com ansiedade.

– Eu mesma terei de levar o Renanzinho ao pediatra. Depois o trago de volta, peço à cozinheira para cuidar dele até a babá do período noturno chegar e vou para a empresa.

A vida do casal funcionava com o automatismo da engrenagem de uma máquina. Qualquer pequena alteração em sua rotina provocava distúrbios e aborrecimentos.

– Você pode ao menos passar no banco e pegar uns talões de cheque para mim? – Caio perguntou.

– Sim, claro. Antes de ir para a empresa, eu faço isso.

Naquela época, as operações financeiras eram quase sempre feitas em dinheiro ou cheque. Os cartões de débito e crédito eram uma novidade pouco usada e as operações via internet eu acho que nem existiam ainda.

Quando voltava do consultório para casa, Márcia decidiu ganhar tempo passando logo na agência bancária que ficava em uma das avenidas mais movimentadas de São Paulo e na qual ela já teria mesmo que passar. Estacionou o veículo em frente à agência e entrou de mãos dadas com o filho, que iria completar três anos naquela semana e andava com bastante firmeza.

Depois de pegar os talões de cheque, sempre agindo de modo apressado, Márcia parou à porta do banco e soltou a mão do filho por um átimo de tempo, apenas para guardar uns documentos na bolsa. A tragédia aconteceu muito rapidamente, pois nesse instante meu netinho deve ter visto algo que lhe chamou a atenção do outro lado da avenida e saiu correndo para atravessá-la.

Não houve tempo para nada. No curtíssimo período de um ou dois segundos, ouviu-se o ruído ensurdecedor de uma freada de carro e o baque do para-choque contra o corpinho frágil do menino, que foi arremessado a grande distância e teve morte instantânea. Da porta da agência bancária, Márcia, petrificada, assistiu a tudo sem poder fazer nada para evitar aquela fatalidade.

O acidente me foi narrado de forma confusa, com alguns detalhes obscuros, mas a parte trágica da história era bastante clara: Renanzinho estava morto. Márcia, em estado de choque, mergulhou em uma crise de depressão tão grave, que não pôde sequer comparecer ao enterro da criança. Internada em uma clínica médica, e mesmo entupida de antidepressivos, tinha surtos terríveis, revivendo a traumática cena daquela tragédia.

Quando fui autorizada a visitá-la, cheia de preocupações e desejando muito confortá-la, fui recebida com a maior frieza do mundo. Vendo-me caminhar em direção ao leito onde estava deitada, recebendo medicamentos através do soro injetado em seu braço, ela fez um movimento brusco para que eu não me aproximasse.

– Fique aí mesmo – minha filha disse com a voz embolada, certamente grogue pelo efeito dos calmantes. – Nossa conversa será breve e não há necessidade de contato físico entre nós.

– Que é isso, filha? – perguntei sobressaltada por aquela atitude.

– A senhora conseguiu o que queria, dona Jandira! A sua praga funcionou. Parabéns! – Márcia falou com um sarcasmo ferino.

– Pare com isso! Respeite-me. Ainda sou sua mãe, ouviu? – ralhei, tentando me impor.

Mas ela não se deixou abalar. Não se tratava mais da garotinha que eu carregava no colo e que me obedecia sem titubear quando eu ameaçava colocá-la de castigo.

– Estou apenas cumprindo o que foi determinado pela senhora mesma – ela disse com um olhar carregado de despeito. – Não vou me queixar aos seus ouvidos, nem procurar guarida em seu colo, mãe. A infelicidade é minha e fui eu que a escolhi.

– Márcia, o que aconteceu foi uma fatalidade...

– Deixe de fingimentos, mãe. A senhora, com esse jeito moralista de encarar o mundo, me condenou antes mesmo que essa tragédia acontecesse. Tenho certeza de que não vê o que aconteceu como uma fatalidade, mas como negligência da filha desalmada que coloca os bens materiais à frente da bênção da maternidade. Que, em vez de levar o filho para casa em segurança, decide arrastá-lo a uma agência bancária para resolver problemas de ordem profissional.

Fiquei em silêncio, mas no fundo concordava com aquela autoacusação. Sabia que Márcia, no desespero da dor e do remorso, precisava dividir a culpa com alguém, e a pessoa mais indicada para receber tal repreensão era eu, a mãe chata que havia lhe cobrado que dedicasse mais atenção e carinho ao próprio filho.

Embora sentisse pena de minha filha, revoltava-me pensar que meu neto poderia estar vivo se ela houvesse cuidado melhor dele; se houvesse dado àquela indefesa criança a mesma importância que dava às suas atividades comerciais, ao desenfreado apego às finanças de sua empresa.

Eu estava em silêncio, refletindo sobre aquilo, quando ela disse com determinação e frieza:

– Eu quero que a senhora vá embora.

Olhei para o rosto dela e novamente vi ali a mesma dureza fisionômica que tantas vezes notara em dona Marina. E foi justamente essa visão que fez com que eu não insistisse em tentar uma conciliação. Limitei-me a perguntar:

– Tem certeza disso, Márcia?

Ela movimentou a cabeça confirmando. Voltei-lhe as costas e apenas disse antes de deixar o quarto:

– Adeus!

Mais uma vez, inquietantes sentimentos invadiram minha alma e confesso que houve momentos em que realmente me senti culpada pela morte de meu neto. Cheguei a pensar na possibilidade de tê-lo matado ao proferir aquelas duras palavras, quase três anos antes do acidente. Palavras que Márcia, encarando como praga, guardou integralmente em suas lembranças e me devolveu carregadas de ressentimento.

Fui para casa arrasada, pensando que, apesar do tratamento ofensivo de minha filha, era minha obrigação buscar entendimento entre nós. Decidi dar um tempo, deixar a poeira baixar e depois voltar a procurá-la para conversarmos mais civilizadamente.

Fiquei recolhida em minha cidade, praticamente sem sair de casa, enquanto os dias se passavam sem qualquer novidade. Um mês depois daquela desinteligência na clínica médica, eu soube que Márcia havia recebido alta. A notícia me foi dada pelo Erasmo, por telefone. Ele estava em São Paulo quando ligou.

— Acho que vou dar uma chegada aí amanhã. O que você acha? Poderíamos nos encontrar e irmos juntos à casa da Márcia – eu disse.

Meu marido pigarreou, demonstrando constrangimento, e respondeu:

— Acho que não é uma boa ideia.

— Ah, não? Posso saber por quê?

— Bem... É que a Márcia está muito chateada com você. Ela pediu para não ser incomodada.

— Incomodada? Como assim? Eu sou a mãe dela. Tenho o direito de visitá-la quando bem quiser.

Ele voltou a pigarrear ao dizer:

— Não é só isso, Jandira. É que...

— É o que, Erasmo? Desembucha logo que eu já estou ficando nervosa com essa conversa — exigi, irritada com tantas reticências.

— É que a Márcia chamou a minha mãe para fazer companhia a ela. Eu acho que o ambiente não vai ficar bom se você aparecer por lá.

Ouvindo aquilo, fiquei tão indignada que minhas pernas estremeceram e meu coração disparou.

— Maldita traidora! — rosnei enquanto desligava o telefone.

E, naquele momento, imagens de Márcia e dona Marina mancomunadas, tecendo intrigas sobre mim, apareceram com muita nitidez em meu campo mental, e o mesmo sentimento de mágoa que eu sentia por minha sogra direcionou-se também à minha filha. Perdi completamente o desejo de visitá-la e passei a considerar a possibilidade de nunca mais voltar a vê-la.

Para fortalecer essa decisão, dei asas a um severo senso de justiça e passei a considerá-la responsável pela morte do meu neto. Agora eu já não tinha a menor dúvida: se Márcia não fosse uma mãe distante e relapsa, preocupada tão somente com dinheiro, o Renanzinho não teria morrido. E foi com esse pensamento condenatório que eu, de certo modo, matei-a também em meu coração.

Mais uma vez a situação ficou complicada entre mim e Erasmo. Ocorre que ele, de um modo nada discreto, tentou mostrar que eu agira errado ao exigir que Márcia desse mais atenção ao filho e ao tentar persuadi-la por meio de palavras tão duras, como se estivesse ameaçando castigá-la.

— Você não vê que as meninas cresceram? — ele perguntou sem a menor sutileza, parecendo mesmo ralhar com uma criança pirracenta. — Você não pode mais colocá-las de castigo ou ameaçá-las com a chinela. Se ainda quer ser respeitada como mãe, deixe que elas vivam suas vidas como bem quiserem.

— Tudo o que faço é desejar o melhor para as minhas filhas, Erasmo. Não me venha com sermões, nem tente mudar o meu modo de ser. Se eu soubesse que aquela tragédia estava por acontecer, não teria dito o que disse – expliquei. – É um absurdo imperdoável achar que eu tive a intenção de prejudicar a Márcia e de ver meu netinho morto tão precocemente. Sofro a perda dele tanto quanto ela e, se fosse possível, eu trocaria de lugar com o Renanzinho, mas infelizmente não posso fazer isso.

– O que está feito não está por fazer – Erasmo disse, repetindo um bordão muito usado pelo pai dele. – Agora é baixar a crista, dar a mão à palmatória e tentar se entender com a Márcia. Ela está muito magoada.

O modo como ele fez aquele comentário me irritou profundamente.

– O quê? Erasmo, você vai continuar insistindo que eu estou errada? Que não deveria ter dado à nossa filha os conselhos que achei arrazoados? Pois ouça isto: eu não mudei o meu modo de pensar. Continuo com a ideia de que uma mãe deve zelar pelo filho e colocá-lo em primeiro lugar em seu coração, pelo menos nos primeiros anos de vida. Posso estar arrependida de haver sido tão dura em minhas palavras, mas mantenho a mesma opinião.

– Os tempos mudaram, Jandira. Hoje em dia as mulheres trabalham fora, ajudam financeiramente os seus maridos e não têm mais o dia todo vago para se dedicarem aos filhos. Foi-se o tempo da mulher dona de casa, doméstica, parideira...

– Que droga é essa, Erasmo? – Dei um grito tão alto que ele até se assustou. – Está me chamando de parasita? De inútil? Só porque não tive uma profissão e não o ajudei a ganhar dinheiro?

Diante da minha agressividade, meu marido baixou o tom de voz, mas se mostrou bastante contrariado. Desde a briga que tivemos por causa do problema com Marlene, não conseguimos mais nos entender e a nossa relação estava cada vez mais fria. Mesmo quando partilhávamos a cama, parecia haver um *iceberg* imenso a nos separar.

– Eu vou embora, Jandira – ele disse depois de um longo silêncio.

– Vai para onde? Você acabou de chegar de viagem. Costuma ficar aqui pelo menos dois ou três dias antes de viajar novamente.

Ele me lançou um olhar indiferente e falou:

– Foi um erro ter vindo. Amanhã tenho uma carga importante para a Bahia e preciso carregar em São Paulo. Se eu dormir na transportadora, isso vai facilitar as coisas para mim.

Eu sabia que ele estava fugindo da minha presença, mas preferi não entrar em outra discussão. Sentia-me desanimada demais para dizer qualquer coisa. Erasmo foi embora e eu voltei a me agarrar à deserção da casa. O silêncio da noite, mesmo com todos os fantasmas a me povoarem a mente, tornava-se um refúgio cada vez mais convidativo para as minhas conturbadas reflexões. Nessa madrugada, chuvosa e fria, não pude ouvir nem o latido do cachorro que costumava suavizar a monotonia da minha solidão.

DECEPÇÃO E DOENÇA

"As doenças fazem parte das provas e das vicissitudes da vida terrestre; elas são inerentes à grosseria da nossa natureza material e à inferioridade do mundo que habitamos."

(O Evangelho segundo o Espiritismo – Capítulo 28 – Item 77 – Boa Nova Editora)

Todas as vezes que algo desagradável acontecia, eu me lembrava da cobra que se enroscara nas pernas de Marlene. Era incrível como uma coisa sempre parecia estar relacionada à outra. Eu ainda não havia superado os desentendimentos que tivera com as duas filhas mais velhas, vivia preocupada com os desarranjos de Mirian e com as constantes brigas que Erasmo e eu passamos a travar, quando tive de encarar outra decepção.

Meu marido estava cada vez mais distante de mim. Suas voltas para casa depois de cada viagem, além de serem cada vez mais espaçadas, já não duravam quase nada. Na maioria das vezes, ele chegava e ia embora no mesmo dia, alegando necessidade de madrugar na transportadora.

Deixamos de nos comportar como marido e mulher e passamos a ter um relacionamento formal, a ponto de nos cumprimentarmos com um breve aperto de mão ou nem isso. Nem um beijo na testa, nem um sorriso, uma troca de olhares... Nada. Apenas a frieza de uma relação arruinada.

E aquele desinteresse foi aumentando de tal forma, que eu não me surpreendi no dia em que Erasmo, mal tendo chegado de uma longa viagem, me chamou para uma conversa muito séria e disse que queria a separação.

— Assim é melhor, porque ainda teremos chance de refazer nossas vidas. Não há razão para ficarmos atrelados. Afinal, não estamos tão velhos a ponto de não podermos buscar a felicidade de outro modo.

— De outro modo, no seu caso, quer dizer com outra mulher. É isso? — perguntei, sem conseguir evitar um tom provocativo na voz.

Ele coçou a testa e pigarreou várias vezes. Era sempre assim que Erasmo reagia quando ficava constrangido. E aquela atitude deixou claro para mim que a outra mulher, com quem ele planejava ser feliz, já existia, e possivelmente há um longo tempo.

— Pode ser que seja — ele respondeu por fim.

— Posso saber quem é ela? — perguntei, fazendo um grande esforço para controlar a raiva. Ele negou meneando a cabeça.
— Só por curiosidade — insisti. Ele repetiu o gesto e permaneceu calado. — Pode ao menos dizer se é alguém que eu conheço? O nome dela? Se vive em nossa cidade?

Ele voltou a se mostrar desconfortável. Talvez quisesse mentir, mas esse defeito Erasmo não tinha. Em todos aqueles anos ao lado dele, eu nunca o vira contar uma mentira sequer. Por mais complicada que fosse a situação, ele sempre optava por dizer a verdade.

– Você não a conhece – respondeu por fim, desviando o olhar.
– Ela é de São Paulo.

Nós estávamos sentados à mesa de jantar, de frente um para o outro. Ao ouvir aquilo, perdi o controle. Dei um soco tão forte na mesa, que os pratos saltaram e um deles caiu e se quebrou.

– Droga! Então é assim? Há quanto tempo estou sendo traída?

Ele se abaixou e começou a juntar os cacos do prato. Na verdade estava evitando me encarar.

– Vamos! Diga-me! Há quanto tempo estou sendo feita de trouxa?

Erasmo ergueu-se, jogou os pedaços do prato quebrado em uma lixeira que ficava na cozinha e retornou. Sentou-se novamente e enfim, olhando em meu rosto, falou:

– Jandira, o nosso casamento já acabou há muito tempo. Eu até tentei me manter ao seu lado, mas a nossa relação esfriou...

– Esfriou porque você decidiu se afastar, não só de mim, mas das nossas filhas também. E para quê? Primeiro, para trabalhar com o seu pai, porque jogou dinheiro fora se aventurando em atividades que não tinha competência para executar. Depois, para ficar atrás do volante de uma carreta, sem saber sequer o que se passava em nossa casa.

– Jandira, eu precisava trabalhar. Não se esqueça de que é justamente esse trabalho que tem colocado comida em nossa mesa e que me permitiu pagar os estudos de nossas filhas.

– Em parte, Erasmo, em parte. Eu sei muito bem que o seu pai está sempre lhe enviando dinheiro...

– Naturalmente. Boa parte do dinheiro que meu pai me manda é proveniente das terras que o pai dele tinha em vários municípios daquela região e que estão sendo vendidas aos poucos, desde que meu avô morreu. Eu também sou herdeiro e é justo que receba a parte que me cabe...

– Não adianta desconversar, Erasmo. Ainda estou esperando resposta. Há quanto tempo estou sendo traída? Quem é essa mulher?

– Você nunca foi traída. Eu e a Vanessa apenas conversamos sobre a possibilidade de ficarmos juntos. Talvez nem dê certo...
– Vanessa? Onde você a conheceu?
– Está bem. Eu vou contar tudo para que você não fique cheia de caraminholas na cabeça. Ela trabalha há pouco tempo em uma das transportadoras para a qual eu presto serviço. É uma pessoa decente e jamais aceitaria ser "a outra" em uma relação afetiva.

As palavras de Erasmo me deixaram um pouco mais conformada. Apesar de aquele momento ser horrível, eu ainda confiava em sua incapacidade de mentir e acreditei que ele não havia mesmo me traído.

– Vanessa. Meu Deus! Com esse nome, deve ter a idade das nossas filhas – falei com despeito. – Admira-me o modo como você trata deste assunto. Você fala em separação, em destituição familiar, como se estivesse se desfazendo de um móvel usado.

– Não estou falando de destituição familiar, Jandira. Estou falando sobre a nossa relação afetiva, sobre o desgaste do nosso casamento. Nossas filhas não têm nada a ver com isso. Procure entender o meu lado. Eu sou um homem saudável e ando carente do afeto de uma mulher.

– Quer dizer que eu não sou uma mulher?

– Sim, mas há tempos não me satisfaz como homem. Pelo amor de Deus, Jandira, olhe-se no espelho! Você não é mais nem a sombra da moça bonita e bem-cuidada com quem eu me casei. Deixou de se cuidar, não se veste adequadamente. Eu fico um longo tempo viajando e, quando volto, encontro-a usando essas roupas molambentas, despenteada, sem um batom sequer, não fazendo a menor questão de se arrumar e muitas vezes indo para a cama com cheiro de tempero nos cabelos...

– Ah, sim, você queria que eu tivesse a aparência de uma garotinha a vida toda? Mesmo depois de três gestações seguidas a arruinar-me o corpo? Quanto ao cheiro de tempero nos cabelos, é por querer fazer comidas saborosas para você mesmo. Não posso me dar o luxo de pagar uma cozinheira, nem vou lavar os cabelos toda vez que for ao fogão, só para lhe agradar.

– Desculpe, Jandira, mas eu estou sendo sincero. Estou colocando todas as cartas sobre a mesa...

— Você esquece, Erasmo, que envelheceu também? Que seus cabelos também estão grisalhos? Que há muitas rugas em seu rosto e que no lugar dos músculos enrijecidos do passado há hoje uma boa quantidade de banha? O tempo não passou apenas para mim...

— Não é somente essa a questão, Jandira. Trata-se, como lhe disse, do esfriamento na relação. — Ele suspirou profundamente e me olhou como se lamentasse tudo aquilo. — Eu já falei o que precisava e vou-me embora. Não se preocupe, pois eu não vou deixá-la desamparada. Esta casa é sua e eu vou depositar mensalmente em sua conta uma quantia em dinheiro, que lhe permitirá viver sem preocupações.

E, sem dizer mais nada, Erasmo se levantou e foi embora. Não se deu nem ao trabalho de levar as roupas que estavam no armário.

Eu estava tão desalentada, que não consegui nem chorar. Fiquei durante horas remoendo as amargas palavras que Erasmo me dissera sem a menor comiseração. Eu estava velha, desleixada e com cheiro de tempero. Não era mais, aos olhos dele, uma mulher que pudesse satisfazer as necessidades afetivas de um homem.

Vanessa certamente era o oposto de tudo aquilo que ele havia me atirado à face. Deveria ser jovem, bem-cuidada e cheirosa. Ah, que ódio! Que vontade de fazer uma loucura! Qualquer coisa que me ajudasse a expulsar aquele terrível ressentimento. Mas eu não conseguia. Voltava a incorporar a figura da menina submissa que ouvia em silêncio as histórias descabidas do padre Gusmão ou a nora passiva diante das ofensas gratuitas de dona Marina.

Algo intempestivo se revolvia em meu ventre como um refluxo ácido que ameaçasse explodir, mas não encontrasse caminho. Parecia não ser um elemento sólido, líquido ou gasoso. Aquilo não tinha consistência, não era palpável, mas tinha o poder de macerar as minhas entranhas, provocando dores insuportáveis, que me faziam lembrar e, de certo modo, acreditar na existência do fogo do inferno tão propagado pelo padre Gusmão.

E a voz irritante das madrugadas voltava a me provocar: "Sozinha de novo, Jandira? Onde está o seu pai? Onde está a sua mãe? E as suas filhas, onde estão? Onde está o seu marido, Jandira?" E gargalhava, zombando das minhas dores e da apatia com que eu as tolerava.

Não sei a que horas fui para a cama, mas o colchão me pareceu coberto de espinhos. Dores inexplicáveis se distribuíram pelo meu corpo, concentrando-se mais fortemente na região abdominal. Fiquei encolhida, em posição fetal, e não sei se consegui dormir naquela noite pelo menos por alguns minutos.

Amanheci com febre no dia seguinte, e as dores no ventre haviam se intensificado. Alimentei-me apenas de frutas e chá, sem disposição sequer para abrir as janelas da casa.

A indisposição durou quatro dias até se abrandar um pouco. Embora eu morasse em uma das ruas principais da cidade, minha casa costumava ficar fechada por longos períodos devido às constantes viagens que eu fazia para a capital. Por esse motivo, ninguém me procurou e nem mesmo o telefone tocou naqueles dias em que estive isolada.

No quinto dia, acordei me sentindo um pouco melhor e decidi sair de casa. Iria comprar flores para o vaso que se encontrava abandonado. Além disso, pensei que a abstração da rua me faria bem.

Assim que entrei na floricultura, o senhor Valter se sobressaltou.

– Dona Jandira, como vai? A senhora está bem? Parece-me pálida.

Tentei disfarçar:

– Sim, obrigada por se preocupar, meu amigo! Acordei com dor no estômago, mas já estou melhor.

Mal acabei de falar, senti uma forte tontura e tive de me apoiar no balcão para não cair. O senhor Valter não quis saber de mais nada. Gritou a um menino que o auxiliava, enquanto se livrava rapidamente do avental:

– Zezinho, toma conta da floricultura que eu vou dar uma saída.

Ele pediu licença, abaixou-se um pouco para se nivelar a mim e apoiou meu braço em seu ombro.

– Vamos ao hospital, dona Jandira. A senhora está precisando de um médico.

Tentei dizer qualquer coisa. Estava bastante constrangida, mas ele não me deixou falar nada.

– Vamos lá, dona Jandira. Deixe de ser teimosa!

Entramos no carro dele, que estava estacionado em frente à loja, e, quinze minutos depois, eu já estava sendo atendida pelo médico, que solicitou uma internação de urgência, para observação, e medicou-me com uma injeção que aliviou as dores. O senhor Valter ficou o tempo todo ao meu lado e isso me deixou ainda mais sem graça.

Depois de seis horas, período em que fui submetida a alguns exames de imagens e laboratoriais, e recebi medicamentos através de um soro aplicado na veia do braço, o médico finalmente me liberou. As dores tinham diminuído, mas ele me receitou mais alguns medicamentos e me orientou a voltar no dia seguinte para ver o resultado dos exames e definir o tipo de tratamento que me seria indicado.

Apesar de eu insistir que poderia ir sozinha para casa, o senhor Valter não quis saber de nada. Além de me levar em seu carro, ainda parou na farmácia e comprou os remédios receitados pelo médico. Tive de insistir muito para que me deixasse sozinha em casa, porque ele cismou que iria arranjar alguém para me fazer companhia.

– Estou acostumada a ficar sozinha, seu Valter. Prometo que, se precisar de alguma coisa, eu ligo para o senhor.

Ele anotou os números de seus telefones comercial e residencial em um pedaço de papel e deixou ao lado do meu aparelho.

– Aqui está, dona Jandira. Havendo necessidade, não deixe de me ligar, a qualquer hora. Combinado? A qualquer hora mesmo!

Agradeci e o despachei ansiosa, pois estava com muita vontade de me deitar e ficar bem quietinha em meu canto, esperando que aquelas dores passassem.

O FLERTE

"O homem que vivesse só não teria caridade a exercer; não é senão no contato com os semelhantes, nas lutas mais penosas que disso encontra ocasião."

(O Evangelho segundo o Espiritismo –
Capítulo 17 – Item 10 – Boa Nova Editora)

Durante todo aquele dia, as dores ficavam indo e vindo. À noite, quase não dormi e, no dia seguinte, o diagnóstico foi arrasador.

– A senhora está com uma grave ulceração no estômago – disse o médico. – Sugiro uma cirurgia de emergência, para o caso não se agravar.

Levei um susto.

– Cirurgia? Mas, doutor, não tem outro jeito?

– Sim. Podemos continuar apenas com os medicamentos, mas não há garantia de que a doença vá se reverter apenas com eles. Se fizermos a cirurgia, as chances de cura serão bem maiores.

Fiquei pensativa por alguns segundos. Eu ia dizer ao médico que precisava consultar o meu marido, mas me lembrei de que ele havia acabado de pedir a separação. Certamente estava feliz, fazendo planos para o futuro ao lado de sua querida Vanessa.

Pensei em minhas filhas, mas também não me animei. Márcia não falava mais comigo. Marlene estava morando na França e com certeza não havia me perdoado. Mirian vivia cheia de problemas e acabaria me deixando ainda mais atormentada.

Ao refletir sobre o quanto estava sozinha no mundo, senti uma dor violenta no abdome e precisei me curvar para que aliviasse. O médico estava me observando, aguardando uma resposta, e a dei com determinação:

– Quer saber, doutor, pode marcar a cirurgia.

– Muito bem – ele disse. – A senhora terá um acompanhante?

– Sim. O melhor acompanhante que podemos ter, doutor. O nome dele é Deus!

Mal acabei de dizer isto e mais uma vez me perguntei por que citara Deus em minha conversa. Como já disse anteriormente, eu tinha muitas dúvidas sobre as questões espirituais, e o Deus que o padre Gusmão havia me apresentado não era muito condescendente. No fundo, eu tinha dúvidas de se Ele teria paciência para fazer companhia a uma enferma hospitalizada, principalmente em se tratando de alguém que já estava condenado a ser consumido pelo fogo do inferno no dia do juízo final.

O senhor Valter falava de Deus de um jeito diferente, apresentando-o de forma mais complacente e agradável, mas eu não estava muito convicta das coisas que ele dizia. Achava-o místico demais para merecer credibilidade.

Com a cirurgia marcada para dali a três dias, voltei para o meu casulo em forma de casa. Mil pensamentos passavam pela minha cabeça. No início da noite, recebi uma ligação da Mirian pedindo dinheiro emprestado para pagar a taxa de condomínio de seu apartamento:

– O síndico do prédio está me perturbando, mãe. Ele fica me humilhando perto dos outros moradores. Preciso pagar até o fim do mês.

Só depois de notar o desânimo de minha voz foi que ela se lembrou de perguntar como eu estava.

– Estou doente, filha, e vou me submeter a uma cirurgia – respondi.

Ela silenciou por um tempo antes de dizer:

– Ah, mas não pode ser nada grave. A senhora é uma mulher muito forte...

– Sou sim, filha – respondi sem convicção. – Deve ser coisa à toa.

Ela fez novo silêncio antes de se justificar:

– Ainda bem, mãe. Eu até poderia lhe fazer companhia, mas estou começando a trabalhar em um novo emprego esta semana. Quer dizer, fiz a entrevista e estou aguardando me chamarem, né? Por isso não vai dar para ficar com a senhora.

– Não se preocupe, Mirian. Eu me viro por aqui. Não vou morrer ainda.

– Deus me livre! – ela exclamou. – Nem brinque com uma coisa dessas, dona Jandira.

A seguir, me passou o valor de que precisava para se livrar das humilhações do síndico e desligou.

Duas horas depois, o telefone tocou novamente. Desta vez era o Erasmo, e ele estava com tanta raiva, que sua voz ficou irreconhecível.

— Você não acha que está muito velha para essas chantagens emocionais? – perguntou sem sequer me cumprimentar.

— Do que você está falando? – indaguei, sobressaltada com aquela arrogância toda.

— Acontece que eu liguei para a Mirian e ela me falou sobre essa invenção infantil sua de que vai fazer uma cirurgia de emergência. Por que inventou isso? Acha que agindo desse modo vai me fazer mudar de ideia? Vai me fazer largar tudo e voltar correndo para esse ambiente inóspito em que você vive?

— Erasmo, você está louco?

— Quem está louca é você! Acha que vou abandonar meus compromissos para encontrá-la, por causa de uma mentira deslavada?

E ele continuou me agredindo verbalmente com tal ímpeto, que eu não resisti à tentação de dizer um palavrão – do qual me envergonho até hoje –, antes de bater o fone no gancho com muita força.

O aparelho voltou a tocar algumas vezes, mas eu não atendi.

Três dias depois passei pela cirurgia e fiquei internada uma semana, antes de receber alta. Mais uma vez, o senhor Valter foi um grande amigo e se colocou à disposição para qualquer coisa que eu precisasse.

Os dias se passaram lentamente e, aos poucos, o dolorimento no abdome, em função do corte, foi desaparecendo enquanto a cicatriz secava. Uma enfermeira do hospital ia fazer os curativos e o senhor Valter também me visitava, encarregando-se de manter o vaso de cristal limpo e com flores renovadas.

Quando me restabeleci e fui liberada da rígida dieta a que fora submetida, ele me convidou para comemorarmos o sucesso da cirurgia almoçando em um restaurante que ficava no meio de um bosque, nos arredores da cidade. Eu não queria, mas fiquei sem graça de recusar; afinal, ele fora tão gentil e prestativo durante a minha convalescença.

Foi a primeira vez que almocei a sós com um homem que não era o meu marido. Senti-me um pouco estranha, mas gostei da comida e do ambiente. Valter fez de tudo para me agradar e, a certa altura da conversa, comentou:

– Estive pensando uma coisa: nós já nos conhecemos há tempos, então eu me sinto tentado a tirar esse tratamento cerimonioso das nossas conversas. Que tal se nos tratássemos apenas por Valter e Jandira?

Sorri ao responder:

– Acho justo. Até porque nós temos praticamente a mesma idade.

– Muito bem, Jandira! Assim é que se fala.

Voltei a sorrir.

– Está certo, Valter. A partir de agora nos trataremos assim.

Depois daquele dia, uma sutil aproximação foi ocorrendo entre nós. Eu não estava considerando a possibilidade de iniciar uma relação com o Valter que ultrapassasse o campo da amizade – estava muito magoada para isso e a separação imposta pelo Erasmo era ainda muito recente –, nem considerava que ele também – até em função da fidelidade que dedicava à esposa morta – estivesse com segundas intenções. E era justamente esse fato que me deixava mais à vontade ao seu lado.

Valter era um homem discreto, inteligente e cavalheiro. Àquelas alturas dos acontecimentos, é lógico que já havíamos conversado sobre a minha separação conjugal, o que não lhe causou nenhuma surpresa.

– Desculpe-me a sinceridade – ele disse –, mas a verdade é que há anos a tenho visto como uma mulher separada e solitária. Seu ex-esposo sempre foi, notadamente, uma grande ausência em sua vida. Eu a vejo sempre sozinha praticamente desde que a conheço.

– Vida de caminhoneiro é complicada – observei, desejando não ser tão dura em meu julgamento. Afinal, meu ex-marido era um dos homens mais trabalhadores que eu conhecia.

– Sim, sim, claro! – Valter pareceu meio desconfortável com a minha resposta. – Não o culpo por precisar viajar, mas acho que poderia ter dedicado um pouco mais de tempo à família. Ganhar dinheiro é uma necessidade, mas o convívio familiar, às vezes, exige um pouco de renúncia e empatia.

A observação do meu amigo me fez pensar nas tantas vezes que tive de resolver sozinha as questões familiares. Lembrei-me das datas festivas, em que fui obrigada a me contentar com alguns minutos de conversa ao telefone com o meu marido distante, e concluí que Erasmo nunca fizera mesmo muita questão de estar ao lado da família. Se quisesse, ele poderia ter se programado melhor e ficado mais tempo em casa, principalmente depois que passou a receber o dinheiro da herança do avô, diminuindo assim a preocupação com questões financeiras.

Os almoços com o Valter quebraram um pouco a rotina monótona de minha vida. Um dia, em um desses encontros, ele me surpreendeu ao deixar claro que não me via mais como uma simples amiga.

— Jandira — ele disse olhando-me nos olhos —, a viuvez foi um acontecimento terrível em minha vida e eu já lhe disse isto. Jurei a mim mesmo que permaneceria sozinho até o fim desta encarnação, mas a sua companhia tem me feito tão bem, que eu tenho me sentido até mais jovem e entusiasmado depois que nos aproximamos.

Fiquei constrangida ouvindo aquelas palavras, mas confesso que me senti também lisonjeada e até um pouco envaidecida.

— Obrigada, Valter! Mas e a fidelidade à sua esposa?

Ele me olhou bem sério e disse:

— Aí é que está a questão. A Consuelo quer que eu me case com você.

A resposta dele me surpreendeu de tal modo, que quase engasguei com o vinho que acabara de sorver. Depus a taça sobre a mesa e o olhei assustada.

— O que, Valter? Como assim? Está brincando comigo?

— De jeito nenhum — ele respondeu circunspecto. — Não se trata de brincadeira, Jandira, mas de uma mensagem psicografada que a equipe de médiuns recebeu no centro espírita.

E, antes que eu voltasse a falar, Valter me mostrou uma folha de papel na qual, em uns garranchos lavrados por alguém que ele disse ser um médium psicógrafo, estava escrito:

Meu amor,
O sofrimento que você experimentou depois da minha partida é o mesmo sofrimento que me envolveu por estar fisicamente distante de você.
Entretanto, a solidão dos seus dias me faz sentir culpada.
O tempo passou, as dores se arrefeceram tanto para você quanto para mim.
Não há mais motivos para solidão.
A vida nos oferece poucas boas oportunidades e não há razão para perdê-las.
Peço que aceite a chance que a vida está lhe dando para voltar a sorrir como nos velhos tempos.
Abandone essa solidão inútil e refaça sua vida afetiva.
Isso não irá mudar os nossos sentimentos nem o respeito que devotamos um ao outro.
Vá em frente. Seja feliz com a nova companheira que o seu coração escolheu!
Sejam felizes!
Consuelo

– Eu venho tentando me comunicar com minha ex-esposa há algum tempo – ele explicou, percebendo que eu havia acabado de ler a mensagem. – Principalmente depois que houve essa aproximação entre nós dois. Ontem, enfim, a equipe de psicografia recebeu essa mensagem e eu fiquei animado em lhe pedir que me aceite como mais do que um amigo em sua vida. Que possamos nos dar a chance de uma vida a dois. De minha parte, prometo ser sempre uma presença positiva, alguém que estará ao seu lado para o que der e vier.

– Mas assim, tão de repente? Não, Valter. Não me pressione, por favor!

– Pressionar? – ele perguntou sorrindo. – De jeito nenhum, Jandira! Você tem todo o tempo de que precisar para tomar a sua decisão. É claro que ficarei numa grande expectativa, mas não estou desesperado por uma resposta. Faça tudo no seu tempo, sem pressa, está bem?

Respondi com um sorriso que até para mim era uma incógnita. Eu não tinha a menor ideia do que estava realmente sentindo diante daquele pedido de namoro, noivado, casamento ou sei lá exatamente o que era aquilo. Fui para casa um pouco desnorteada e passei a refletir bastante sobre aquela novidade.

O pedido de namoro havia ocorrido em uma quarta-feira e me fez refletir bastante. Concluí que estava praticamente sozinha no mundo. Erasmo por certo andava gozando a vida ao lado de seu novo amor, minhas filhas mais velhas não se davam comigo e a caçula só me procurava para resolver seus próprios problemas. Valter, além de ser um homem de boa aparência, era culto, sensível e romântico. Por que não tentar?

Foi assim pensando que, no sábado daquela mesma semana, acordei disposta a dar uma resposta positiva a ele; afinal, o que eu tinha a perder? Dependendo de quais fossem seus projetos, daria, sim, uma chance para iniciarmos uma relação mais íntima.

Coloquei meu melhor vestido, perfumei-me discretamente e saí de casa toda animada. Porém, quando entrei na floricultura, tive uma surpresa muito desagradável: Valter estava abraçado de um modo bastante suspeito com uma jovem de uns 25 anos de idade. Ela usava uma saia muito curta e uma blusa decotada que expunham, de modo escandaloso, suas pernas firmes, bem torneadas, e os seios volumosos.

Os dois estavam tão envolvidos naquele abraço, que não perceberam a minha presença. Decepcionada, saí vagarosamente e retornei ao meu casulo, onde voltei a me isolar. A disposição com que acordara evaporou-se. O sábado ensolarado se tornou uma segunda-feira cinzenta, e o discurso humilhante do Erasmo voltou a se projetar em minha mente, como se fosse dito agora pela voz do Valter:

— Pelo amor de Deus, Jandira, olhe-se no espelho... Você deixou de se cuidar, não se veste adequadamente... Muitas vezes vai para a cama com cheiro de tempero nos cabelos...

Concluí que o Valter não era muito diferente do meu ex-marido nem da imensa maioria dos homens que eu conhecia. Talvez, por força do compromisso assumido com a esposa morta – e que ele dizia estar viva no plano espiritual – e por fazer parte de um grupo religioso que precisava enfrentar o preconceito das igrejas tradicionais, ele controlasse um pouco os instintos sexuais, mas no fundo tinha os olhos cobiçosos voltados muito mais para uma jovem de corpo perfeito do que para uma mulher madura, de aparência física bem menos atraente. No discurso, o amor espiritual é lindo, mas na prática não passa de falácias, concluí revoltada.

Mais tarde, comprei numa loja de variedades um buquê de flores artificiais para o vaso de cristal e nunca mais voltei à floricultura.

Os dias se passaram e, num fim de tarde, o Valter me ligou perguntando por que eu havia desaparecido e se havia chegado a uma conclusão sobre a conversa que tivéramos. Reprisando mentalmente o momento em que o vi abraçado à mocinha de corpo escultural, respondi que havia pensado bastante e que optara por não arriscar a passar por novas decepções amorosas.

— Não sou mais uma garotinha para me apegar a esperanças difíceis de serem alcançadas – falei, tentando impor à voz um controle quase impossível, e emendei o desabafo que estava preso à garganta: – Já que sua esposa o liberou para se casar de novo, sugiro que procure uma mulher menos objetiva, que compactue com as suas crenças espirituais. Eu continuo pensando que falar com os mortos é uma heresia e não consigo confiar em mensagens vindas do além; menos ainda em quem dá crédito a elas. Não me sentiria bem convivendo com uma pessoa que precisa da autorização de um fantasma para se guiar na vida. Por favor, esqueça tudo o que fizemos e dissemos até aqui. Passe bem! – e desliguei o telefone sem lhe dar chance de réplica.

Naturalmente, sem saber que eu o havia flagrado naquele enlevo vergonhoso com a jovem sensual, o Valter deve ter se decepcionado muito com o meu modo de lhe dar a tão aguardada resposta. Porém, o jeito agressivo como o tratei foi um meio de eliminar em definitivo qualquer possibilidade de reaproximação. Eu estava muito indignada e nem como amigo o queria mais por perto. O florista entendeu o recado e depois daquele dia não voltamos a nos falar.

A ANDARILHA

> *Submetei todas as vossas ações ao controle da caridade, e vossa consciência vos responderá; não somente ela vos evitará de fazer o mal, mas vos levará a fazer o bem.*

(O Evangelho segundo o Espiritismo – Capítulo 15 – Item 10 – Boa Nova Editora)

A vida naquele município ficou tão monótona que dificilmente acontecia algo que quebrasse a minha rotina. Na parte da manhã, eu cuidava da casa e, se houvesse necessidade, fazia compras no armazém. No período da tarde, eu lia, assistia à TV e fazia pequenas peças de crochê, apenas para passar o tempo. Sempre fui talentosa para trabalhos artesanais e gostava de realizar pequenas tarefas que exigissem concentração, pois era uma forma de não ficar pensando demais na vida.

Porém, houve uma tarde em que ouvi batidas na porta da frente e levei algum tempo para me livrar dos novelos que estavam em meu colo. Ao abrir, deparei-me com uma senhora que julguei ser bem avançada em anos. Ela tinha os cabelos totalmente brancos, um pouco ralos, olhos turvos e muitas marcas de velhice e sofrimento a demarcar o rosto vincado por profundas rugas.

– Boa tarde, moça! – ela me disse, parecendo um pouco constrangida.

– Boa tarde, minha senhora! – respondi com gentileza.

Ela sorriu, expondo as gengivas desdentadas, e perguntou:

– Você não teria aí alguma coisa para matar a fome de uma andarilha? Vim de longe, vagando pelas estradas, e tenho comido muito pouco...

– Mas é claro – eu a interrompi. – A senhora está sozinha?

– Só eu e Deus – a idosa respondeu apontando para o céu. – Aquele lá de cima foi o único que não me abandonou.

Acolhi-a. Levei-a para a cozinha, falei para ela se sentar à mesa e, enquanto lhe preparava um prato de comida, perguntei:

– Como a senhora se chama?

– Eulália. E o seu nome, como é?

– Jandira. A senhora veio de muito longe?

– Xiiiii... Põe longe nisso, minha filha! – Eulália respondeu estalando os dedos. – Faz muito tempo que não tenho pouso certo. Mas, se Deus quiser, um dia eu me ajeito por aí.

A resposta dela despertou-me certo mal-estar. Ao que tudo indicava, Eulália era sozinha no mundo e não tinha um lugar para morar. Suas roupas estavam gastas e sujas e, devido ao forte cheiro de suor que exalava, estava claro que não tomava banho havia muito tempo.

Enquanto ela comia, separei alguns vestidos e blusas que eu quase já não usava e perguntei se ela gostaria de se banhar. A idosa pareceu surpreender-se com a minha oferta e, já tendo saciado a fome, falou com os olhos umedecidos pelas lágrimas que brotaram abruptamente:

– Ah, Jandira, você é a pessoa mais gentil que conheci na vida! Eu não quero lhe causar incômodos...

– Eu não estou fazendo nada de mais, dona Eulália – respondi com naturalidade. – Estou apenas lhe propondo que tome um banho. Caso queira, isso não será nenhum incômodo para mim. Mas, se preferir não tomar, respeitarei a sua vontade.

A mulher respirou fundo e secou as lágrimas com o dorso das mãos.

– Um banho é o que eu mais quero neste momento, mas não ousaria lhe pedir isso. Sei que muita gente sente nojo de pessoas como eu...

– Então está resolvido – interrompi-a de novo. – Vou lhe mostrar onde fica o banheiro.

Meia hora depois, de banho tomado, cabelos alinhados e usando roupas íntimas e um vestido limpo que lhe dei, Eulália estava com uma aparência muito melhor do que quando chegara à minha casa. Tanto que minha opinião a respeito de sua idade mudou drasticamente e agora eu a considerava pelo menos dez anos mais nova do que julguei a princípio.

Naquela tarde, deixei o crochê de lado e me dediquei a conversar com aquela enigmática senhora que, apesar de se esforçar por demonstrar descontração, expôs um semblante pesaroso e um claro sentimento de tristeza, quando me disse:

– A vida prega muitas peças na gente, Jandira. Quando pensamos que tudo está indo muito bem, podemos levar uma rasteira e cair num precipício. Já fui moça linda e desejada por homens importantes. Tive casa bonita como a sua e saúde de dar inveja em muita gente, mas perdi tudo. Não me pergunte por que perdi, pois isso nem eu sei direito, mas a verdade é que tudo o que eu tinha escorreu por entre os dedos e eu não tive como recuperar. Agora vivo assim, vagando pelas estradas, sem rumo certo na vida; sem canto pra repousar...

– Mas e os seus parentes? Eles não podem ajudá-la?

– Se ainda tenho parentes vivos, desconheço todos eles. Desde que me dei por gente, ainda na infância, sempre tive que me virar sozinha. Poucas foram as mãos amigas que me ofereceram ajuda desinteressada. Por isso, perdi a crença na bondade dos homens.

Ficamos em silêncio por um tempo. Minha cabeça estava confusa. Eu sentia necessidade de ajudar aquela mulher, mas não sabia como. Por mais que simpatizasse com ela e me apiedasse de seu drama, ela não passava de uma desconhecida. Pensei em oferecer-lhe guarida, mas não tinha certeza de que seria uma boa ideia. Tratava-se de uma estranha e eu estava tão acostumada à solidão...

Mais tarde, coei café e fritei bolinhos de chuva para nós duas. Conversamos mais um pouco, até que Eulália se levantou, dizendo que ia embora.

– Agradeço muito pela sua ajuda, mas não quero mais tomar o seu tempo. Deus há de lhe recompensar tudo o que você fez por mim.

– Mas para onde a senhora vai? – perguntei, ainda em dúvida sobre se deveria fazer algo mais por ela.

– Vou me arranjar por aí – Eulália respondeu com seu triste e desdentado sorriso. – Já estou acostumada. Não se preocupe.

Entreguei-lhe uma sacola com dois vestidos meus, uma blusa de frio e uma vasilha com os bolinhos de chuva que haviam sobrado. Ela voltou a agradecer e seguiu em passos lentos pela rua até desaparecer em uma das esquinas.

Assim que Eulália foi embora, uma tristeza imensa invadiu minha alma e, sem saber exatamente por qual motivo, comecei a chorar. Pensei em quão miserável e solitária era a minha vida e não pude deixar de me comparar a uma andarilha como ela. A diferença é que eu tinha uma casa para morar, possuía parentes vivos e sabia exatamente onde eles estavam. Entretanto, me sentia tão abandonada e infeliz quanto aquela indigente.

Depois de meia hora de dúvidas, tomei uma decisão. Saí de casa e caminhei apressada em direção à praça da igreja, onde os andarilhos que passavam pela cidade costumavam se abrigar, sob o telhado do coreto. Meu coração estava estranhamente abalado. No fundo, eu tinha medo de não encontrar Eulália e de haver perdido a oportunidade de fazer algo realmente útil a ela.

Não estava muito escuro ainda, mas o sol já havia se posto e as lâmpadas que iluminavam a via pública começavam a ser acesas. A praça se encontrava vazia e eu respirei aliviada quando vi Eulália sentada sobre o gramado, recostada ao tronco de uma figueira. Ela ressonava e só despertou quando cheguei bem perto e a chamei pela terceira vez:

— Dona Eulália, a senhora está bem?

Ela esfregou os olhos, demonstrando cansaço e sonolência.

— Jandira, é você?

— Sim, sou eu mesma. Vim lhe fazer uma proposta.

— Proposta? Para mim?

— Sim. Na verdade, é um convite. Quero que a senhora durma em minha casa esta noite.

Ela arregalou os olhos e movimentou a cabeça horizontalmente.

— De jeito nenhum! Não quero lhe causar aborrecimentos...

Mas, antes que Eulália prosseguisse, apanhei a bolsa que eu mesma havia lhe dado e a ajudei a levantar-se.

— Vamos — eu disse. — Se a senhora não aceita o convite, então considere uma ordem e me acompanhe.

Mediante minha imposição, ela acatou e me acompanhou com seu corpo magro recurvado e os passos trôpegos dos idosos. Seguimos em silêncio para casa e, no fundo, eu me perguntava se estaria tomando a atitude correta, pois o instinto me advertia de haver algo estranho no ar.

Eulália acabou ficando comigo por quase um mês. Revelou-se uma mulher asseada, de modos contidos e tão calada quanto eu. Duas coisas eram bem nítidas nela: estava doente do coração e algo a incomodava bastante, pois de vez em quando eu a via chorando escondido.

Quando eu fazia perguntas sobre sua saúde e sobre aquela visível tristeza, ela desconversava; dizia-se subjugada pelo peso da idade e dos percalços que a vida havia lhe imposto.

– Venho sentindo umas dores fortes no peito, mas não quero ir a médico algum, pois ninguém fica pra semente. Algumas pessoas têm a vida assim mesmo, Jandira. Viver é uma desgraceira só e não vale a pena prorrogar o que não presta – choramingava.

Às vezes ela puxava um assunto do passado, parecendo entusiasmada, mas logo ficava séria, calava-se e ia para um canto qualquer da casa ou do quintal. Quando ressurgia, dava para notar que estivera chorando.

Um dia pela manhã, estranhei, pois Eulália, que estava ocupando o quarto de Mirian, não se levantou para o desjejum. Assim como eu, ela tinha o hábito de se levantar bem cedo. Fui até o quarto e a encontrei morta.

Vasculhei uma pequena bolsa que ela possuía e tive a maior surpresa da minha vida. Em um antigo documento veio a revelação de quem era de fato aquela mulher. Eulália era um nome falso. Os verdadeiros nome e sobrenome da andarilha eram os mesmos que constavam em minha certidão de nascimento. Ela era a minha mãe!

Em um primeiro momento, não acreditei que fosse verdade. Achei que estivesse delirando ou sendo vítima de algum tipo de embuste, mas não conseguia raciocinar direito sobre nada. Decidi ir à igreja e pedir ajuda ao padre com quem eu conversava de vez em quando, apesar de não ser frequentadora assídua de suas missas. Ao lhe contar o ocorrido, ele se mostrou curioso e me acompanhou até minha casa.

Lá chegando, e tendo examinado cuidadosamente o rosto macilento da morta, constatou que havia características físicas muito semelhantes em nossas fisionomias.

– Levando em consideração o nome que consta neste documento, que ao que tudo indica pertence a ela, e a semelhança fisionômica entre vocês duas, eu ouso afirmar que esta mulher é mesmo a sua genitora – o padre falou convicto.

Fiquei tão abalada com aquilo que não tive a menor possibilidade de cuidar do sepultamento dela; afinal, para mim, ela continuava sendo uma estranha. Dei uma quantia em dinheiro ao padre e pedi a ele que cuidasse do funeral, de modo discreto. Nem fiz questão de saber onde o corpo seria sepultado, já que não havia entre mim e aquela mulher qualquer vínculo afetivo.

Até mesmo a simpatia angariada naqueles dias de convivência desintegrou-se quando sua identidade foi revelada. Além das atitudes inconsequentes do passado, minha mãe tivera a audácia de me procurar e passar um mês à minha custa sem revelar quem era. Para mim, aquilo fora um imperdoável atrevimento que me deixou completamente indignada.

Esse acontecimento fez ampliar em muito as minhas inquietações, e a mágoa que eu tinha por minha genitora cresceu de modo assustador. Por que ela estivera em minha casa nos dias finais de sua vida? Teria sido apenas uma ironia do destino e ela não fazia ideia de quem eu era? Ou saberia que eu era a filha abandonada e teria aparecido apenas para me desfeitear? Sim. Porque, se tivesse vindo com o intuito de se retratar, de ao menos tentar justificar o fato de ter me abandonado, por que não o fizera? Afinal, tivera tempo de sobra para isso.

Esses pensamentos quase me enlouqueceram, aumentando a revolta que havia se instalado em meu coração desde que dona Marina havia revelado a verdadeira história do meu passado. Agora, mais do que nunca, o desejo de tirar aquela história a limpo se intensificou. Eu precisava tentar descobrir o que de fato havia acontecido e, se possível, o porquê de aquela mulher haver me procurado no crepúsculo de seus dias.

SEGREDO REVELADO

"A caridade moral consiste em se suportar uns aos outros, e é o que menos fazeis nesse mundo inferior onde estais encarnados no momento."

(O Evangelho segundo o Espiritismo – Capítulo 13 – Item 9 – Boa Nova Editora)

Quando me senti mais fortalecida, combinei de passar um fim de semana no apartamento de Mirian. Na verdade, estava em busca de notícias sobre a família, já que ninguém me procurava ou atendia às minhas ligações. Como sempre, minha filha caçula estava passando por dificuldades de todo tipo e, mais uma vez, eu tive de ajudá-la financeiramente. Depois ela começou a falar sobre o que eu pretendia saber:

– Olha, mãe, eu não tenho muitas notícias da Marlene, mas sei que ela e a Dorothy estão vivendo muito bem na França, em uma cidade perto de Paris. A Márcia e o Caio estão a cada dia mais ricos e mais avarentos. Fiquei sabendo que ele quer que ela engravide de novo, mas a Márcia não quer nem ouvir falar em ter mais filhos. Parece que não conseguiu mesmo superar o trauma do que aconteceu ao Renanzinho.

– E seu pai? Você tem notícias dele? – perguntei.
– Sim. Inclusive ele esteve aqui no fim da semana passada.
– Com a tal Vanessa?
– Claro, mãe. Eles estão juntos, né? Olha, ela é uma boa moça...
– Muito nova?
– Ela disse que tem trinta anos, mas eu acho que tem bem menos. O importante é que eles estão bem. O papai está parecendo até um garotão, usando roupas esportivas e frequentando uma academia de musculação.
– Ué, e as viagens?
– Ah, a senhora não sabe? O papai vendeu a carreta e se associou a uma transportadora. Agora ele não viaja mais.

Aquela informação me fez sentir mal. Pensei em quantas vezes pedi a ele que viajasse menos, para ficar mais tempo em casa, cuidando da família, e ele se recusava alegando mil desculpas.

– Bem, tudo isso mostra que a nossa separação foi algo positivo para ele – eu disse, sem esconder o quanto estava ressentida.

Mirian percebeu minha insatisfação e aconselhou:
– Se eu fosse a senhora, já tinha refeito a vida também. A senhora ainda é nova, é bonita...
– Pare com isso, filha – eu praticamente ordenei ao me lembrar da decepção que tivera com o Valter. – Espero sinceramente que

seu pai seja feliz ao lado da sua bela mocinha. Quanto a mim, seguirei a vida do meu modo e, se tiver que ser feliz, serei sem precisar de muletas.

Continuamos conversando, até que Mirian me disse:

– A senhora soube que a vovó Marina está com demência grave?

– Não sei de nada sobre os seus avós – respondi secamente.

– Pois é. O caso ficou tão grave, que o papai a trouxe para São Paulo e ela está internada em uma clínica geriátrica. Ele disse que ela não se lembra de nada e não reconhece ninguém. Parece que perdeu completamente a memória.

Quase cheguei a sentir pena de dona Marina, mas, lembrando-me de todas as maldades que ela havia me feito, as emoções se esfriaram.

– E o seu avô? Como está?

– O papai tentou trazê-lo também, mas ele se recusou. O vovô não está bem de saúde, mas disse que quer morrer em suas terras. Que só sai de lá dentro de um caixão.

– Sempre teimoso esse seu Orlando – eu disse, lembrando-me do quanto ele era turrão. – Mas quem está cuidando dele?

– Um casal que o papai contratou, mesmo contra a vontade do vovô. A mulher cuida da casa e o marido toma conta das terras.

Aquelas informações foram muito úteis para o que eu tencionava fazer. Decidi que iria visitar o meu ex-sogro na semana seguinte. Seria uma viagem desgastante, mas eu precisava ao menos tentar esclarecer aquela história que havia me tirado o sossego nos últimos tempos.

O ônibus que ia de São Paulo para aquela região passava quase dentro da fazenda do senhor Orlando, que, como já disse, era praticamente cortada por importante rodovia federal. Assim, eu disse ao motorista que pretendia desembarcar em um determinado ponto da estrada e só precisei caminhar por alguns minutos para chegar à varanda da casa antiga, que se encontrava em estado de abandono.

Era início de tarde. Meu ex-sogro estava sentado em uma cadeira de balanço, na varanda da casa, e levou um tempo para me reconhecer. Afinal, havia muitos anos que não nos víamos. Ele estava fisicamente alquebrado, mas bem lúcido para a idade.

O senhor Orlando ficou bastante sem graça com a minha visita, talvez achando que eu tivesse ido me queixar do Erasmo. Estava claro que ele tinha conhecimento da separação e talvez já conhecesse a nora atual, mas, notando que eu não estava interessada naquele assunto, ficou mais tranquilo e me convidou para entrarmos.

– Não há necessidade – eu disse. – Vim fazer uma visita de beija-flor. O motorista me disse que dentro de três horas o ônibus que faz a linha inversa vai passar por aqui e eu pretendo voltar nele. Portanto, seu Orlando, nós podemos conversar aqui mesmo, se o senhor não se importa.

Ele concordou. Já tinham almoçado, mas mandou a mulher que estava cuidando da casa preparar um suco de pitanga e algo para comermos. Depois de falarmos um pouco sobre questões triviais, enquanto comíamos, eu perguntei:

– Seu Orlando, por acaso o senhor conheceu a minha mãe?

– Sua mãe? Por que quer saber? – ele perguntou meio ressabiado.

– Bem... É que, em uma de nossas discussões, a dona Marina disse que ela me abandonou por causa de um amante. Eu achava que minha mãe tivesse morrido logo depois do meu nascimento.

– Morrido? Quem lhe contou isso?

– Foi o meu pai, quando me deixou aos cuidados do padre Gusmão.

Ele me encarou profundamente antes de dizer:

– Está bem. Já que você tem todas essas informações, eu vou lhe contar tudo como realmente aconteceu. A essas alturas da vida, não há razão para eu ficar guardando segredos.

Fiquei ansiosa para ouvi-lo, mas tive de ter paciência, pois o senhor Orlando começou a narrar os fatos de modo lento e compassado, como se tivesse de garimpar as lembranças nos recônditos de sua mente senil.

– Há muitos anos, um jovem casal foi contratado para trabalhar em minhas terras – ele começou. – Os dois apareceram por aqui pedindo colocação e uma casinha para morar. A mulher era bonita e trazia uma filhinha de alguns meses no colo.

Ele voltou a me encarar com seus olhos opacos e disse:

– Como já deve ter percebido, Jandira, estou falando de seus pais e de você. – Assenti com um aceno de cabeça, e ele prosseguiu: – Eu estava mesmo com demanda de mão de obra à época e os contratei, oferecendo-lhes como residência um dos ranchos destinados aos empregados. O problema foi que a sua mãe, além de bonita, era também uma jovem muito sedutora e desmiolada. Eu era um rapaz imaturo, cheio de ilusões na cabeça, e andava entediado com o desgaste do casamento com Marina. Embora gostasse de minha esposa, eu era meio aventureiro, sabe?

Ele fez um breve silêncio para retomar o fôlego antes de continuar.

– Acabei me envolvendo com a sua mãe e nós fomos tomados por uma paixão incontrolável. E acabamos sendo tão indiscretos em nossos encontros, que um dia seu pai nos flagrou numa situação bastante embaraçosa. Ele até tentou me matar com uma foice, mas eu consegui escapar. Para não ampliar o escândalo, fingi que não havia acontecido nada e aos poucos as coisas foram se acalmando. Parece que ele se conformou com a situação. Porém os encontros às escondidas acabaram e tanto eu quanto a sua mãe ficamos muito desolados. Um dia, num raro momento em que conseguimos conversar a sós, ela me disse que estava indo embora, pois não suportava mais viver ao lado do marido, que, depois de ter descoberto a traição, vivia humilhando-a.

Meu sogro continuou a narrativa dizendo que arranjou uma casa para a minha mãe em uma região distante dali, e ela, abandonando meu pai e a mim, foi morar nesse lugar. O senhor Orlando passou a visitá-la sempre que conseguia driblar a vigilância de dona Marina, retomando assim a relação insidiosa com ela. Meu pai ficou muito triste com a ausência de minha mãe, mas não desconfiou de que o patrão estivesse por trás do sumiço dela. Pouco tempo depois ele também foi embora e me levou junto.

– Um dia, eu estava trabalhando nestas terras quando seu pai apareceu aqui trazendo você, já grandinha, enganchada no pescoço – disse-me o senhor Orlando. – Falou que estava muito doente e que precisava de alguém que cuidasse daquela criança. Eu fiquei bastante comovido com a situação dele, senti remorso naquele momento e prometi ajudar. Dei dinheiro para ele se hospedar por um tempo em uma pensão e, na primeira oportunidade que tive, falei com sua mãe, mas ela se recusou, dizendo que não teria mais paciência para cuidar de criança. Então tive a ideia de conversar com o padre Gusmão e oferecer uma ajuda financeira para que ele a adotasse.

Eu estava pasma. Fiquei olhando para aquele homem que sempre me parecera tão honrado, custando a acreditar naquela história. Mas não havia razão para ele inventar aquelas coisas. Então tudo aquilo só podia ser verídico.

– O padre concordou – ele continuou a narrativa. – Disse que cuidaria de você por um tempo e depois a mandaria para um orfanato. Mas acabou gostando de você e decidiu criá-la na casa paroquial mesmo. Durante anos eu dei uma quantia mensalmente a ele, conforme havia prometido. Foi uma forma que encontrei de reparar parte do meu erro. Pelo menos você não ficou totalmente desamparada.

– E o meu pai? O que houve com ele? – perguntei arrasada.

– Bem... Depois de deixar você aos cuidados do padre, ele foi embora, internou-se num hospital e faleceu em pouco tempo. O coitado estava muito doente.

No silêncio que se seguiu a esta informação, consegui finalmente me lembrar do semblante triste de meu pai e senti muita raiva de todas as pessoas envolvidas naquela trama. Odiei minha mãe, meu ex-sogro, dona Marina – mesmo sendo ela uma vítima também – e, por tabela, direcionei meu ódio à Márcia por ser tão parecida com a avó paterna.

– Sinto muito – o senhor Orlando falou com um fio de voz. – Depois que o seu pai morreu, o remorso se tornou um peso imenso em minha consciência. Então acabei abandonando sua mãe à própria sorte e nunca mais voltei a vê-la. O lado irônico de tudo isso foi o Erasmo ter escolhido justamente você como esposa. Ou seja, você acabou voltando para o lugar onde tudo havia começado.

– Mas dona Marina sabia que o amante da minha mãe era o senhor?

– Não tinha como não saber. À época, foi um escândalo, e todo o povo da região tomou conhecimento. Porém Marina nunca tocou nesse assunto comigo. Talvez por orgulho ou por saber que não adiantaria brigar por causa daquilo. Antigamente era comum que os homens casados tivessem suas amantes. Desde que não deixassem faltar sustento para a família, ninguém os condenava por esse motivo. Mas eu sei que ela nunca perdoou a mim nem à sua mãe pela humilhação a que foi submetida.

– Meu Deus! Eu estou realmente chocada – falei mais para mim mesma. Depois perguntei: – Como dona Marina ficou sabendo que eu era filha da sua amante?

– Nas cidades pequenas os segredos têm vida curta – ele falou. – Quando o Erasmo quis firmar namoro com você, eu acho que ela ainda não sabia de nada.

– Mas dona Marina já era contra o nosso casamento...

– Sim. Mas eu acho que era mais uma cisma intuitiva; coisa de mulher vivida. Não sei em que momento alguém contou quem era você e, a partir daí, ela se arreliou de vez. E não dava nem para interferir na pendenga, porque eu tinha culpa no cartório.

O senhor Orlando se aprumou na cadeira, aproximou-se um pouco mais e me perguntou:

– Sua mãe lhe procurou, não foi? É por isso que você veio aqui?

– Sim – confirmei surpresa. – Como é que o senhor sabe disso?

– Bem... Ela esteve aqui tempos atrás. Eu não a reconheci, mas ela disse quem era. Meu Deus, como estava acabada! Desfiou um rosário de lamentações e me acusou de haver desgraçado a vida dela. Disse que, depois que eu a abandonei, passou a viver zanzando de um canto a outro, amigando, se separando e chegando a ponto de ter que vender o corpo para não morrer de fome. Falou que, depois que envelheceu e ficou doente, não teve mais o que oferecer para se sustentar. No desespero, resolveu me campear para pedir ajuda. Sem saber exatamente o que fazer, sugeri que ela lhe procurasse. Sua mãe ficou admirada ao saber que a filha dela havia se casado com o meu filho. Daí eu passei a ela o seu endereço e dei-lhe um pouco de dinheiro para a viagem.

– Meu Deus! Então ela sabia quem eu era?

– Sim. Ela não lhe contou que era sua mãe?

– Não, seu Orlando. Ela disse que se chamava Eulália. Morou comigo por um mês e morreu dormindo, mas não me falou nada sobre isso.

Meu ex-sogro fez um muxoxo e disse em voz baixa, como se monologasse:

– Meu Deus! Que mulher mais esquisita!

E foi desse modo que nossa conversa terminou, assim como acabou também o pouco de consideração que eu tinha por aquele homem. Sabendo agora o quanto ele fora responsável pelas coisas ruins que aconteceram em meus primeiros anos de vida, principalmente pelo desgosto que levou meu pai à morte, eu só conseguia sentir raiva dele e de todas as pessoas envolvidas naquela trama tão sórdida.

A MULHER ELÉTRICA

"O homem não deve jamais perder de vista que está sobre um mundo inferior, onde não é mantido senão pelas suas imperfeições."

(O Evangelho segundo o Espiritismo – Capítulo 5 – Item 7 – Boa Nova Editora)

Quando embarquei para retornar a São Paulo, o ônibus estava quase vazio. Pelos meus cálculos, iria chegar ao terminal rodoviário da capital bem tarde da noite, então teria que tomar um táxi e ir dormir no apartamento de Mirian. Fui para os fundos do coletivo e procurei um lugar isolado para me sentar, pois teria bastante tempo para ficar remoendo as minhas mágoas, angústias e frustrações.

Entretanto, alguns quilômetros à frente, o motorista passou por uma das cidadezinhas que ladeavam a rodovia e, dentre os passageiros que embarcaram, estava uma mulher elegante, um pouco mais velha do que eu e que, depois de verificar as poltronas disponíveis, aproximou-se sorridente e pediu licença para sentar-se ao meu lado.

– Boa tarde! – ela disse. – Meu nome é Agnes, e o seu?
– Jandira – respondi sem muito ânimo.
– Ah, Jandira, teremos uma longa viagem pela frente. Então eu sugiro que conversemos bastante para o tempo passar rápido.

Tive vontade de sugerir que ela procurasse outra companhia, de dizer que não estava nem um pouco a fim de conversar, mas, por uma questão de polimento, não tive coragem.

Então começamos falando sobre coisas triviais como a instabilidade do clima e a falta de tempo para fazer pequenas tarefas como lavar janelas e trocar as cortinas da casa.

Porém, Agnes – à qual eu daria mais tarde o cognome "a elétrica" devido aos "choques de consciência" que ela trouxe à minha vida – era uma mulher tão comunicativa e agradável, que, quando me dei conta, estava desabafando sobre os meus problemas mais íntimos. Falei sobre o abandono sofrido na infância, a orfandade paterna, a criação na casa paroquial, os desaforos de minha sogra, os aborrecimentos com minhas filhas, a morte precoce do único netinho e o pedido de separação do meu marido, que me trocara por uma jovem.

Eu devo ter falado por quase uma hora, e Agnes, prestando muita atenção às minhas palavras, não me interrompeu uma vez sequer, limitando-se a movimentar levemente a cabeça para demonstrar que estava ouvindo e entendendo tudo.

Só depois que terminei de choramingar todas as minhas mágoas, sentindo meu peito oprimido, a voz embargada e os olhos marejados, foi que ela se manifestou. Porém, surpreendentemente, não esboçou a compaixão que eu esperava de uma pessoa visivelmente sensível.

– Jandira, você já ouviu falar no escritor francês Victor Hugo? – ela me perguntou com a maior calma do mundo.

– Claro – eu disse, achando que Agnes iria comparar minha vida a *Os miseráveis*, um dos romances mais famosos desse autor e que expõe de forma bastante emotiva as desventuras de seus principais personagens.

Mas o que ela tinha para me dizer era bem o oposto daquilo e foi o primeiro choque que recebi:

– O Victor Hugo escreveu uma frase muito interessante que diz assim: "Há quem passe pelo bosque e só veja lenha para a fogueira". Quer dizer que, havendo tanta coisa bonita para se ver em um bosque, como flores, pássaros, borboletas, pequenos animais, relva..., as pessoas que têm uma visão negativa sobre a vida só conseguem ver nele árvores mortas.

Fiquei tentando entender o sentido daquela comparação, que me pareceu sem sentido, mas ela, percebendo a minha incompreensão, explicou:

– Jandira, não sei em que mundo você vive, mas, no mundo de expiações e provas em que vivo, pessoas como você não são consideradas coitadinhas, porém privilegiadas. Desculpe por dizer o que penso e, se preferir, eu posso até me calar. Mas estou olhando para você e não consigo encontrar nada que justifique tanto sentimento de autopiedade.

Estive tentada a pedir que Agnes se calasse, mas não consegui ser rude com uma pessoa que me ouvira com tanta paciência. Além disso, estava curiosa para saber qual era a sua opinião a respeito da minha vida.

– Vá em frente – eu disse, já desprovida de emoções na voz. – Gostaria de ouvir o que pensa sobre mim.

– Bem... Você disse que foi abandonada pela mãe e que o pai morreu de desgosto. Eu acho que o seu pai morreu de doença e não de desgosto, portanto, ele poderia ter morrido com a idade que tinha, ainda que sua mãe não o houvesse traído e abandonado. Pois bem, se você tivesse sido criada pela sua mãe, e não pelo padre Gusmão, certamente teria uma vida muito mais difícil, podendo inclusive ter sido induzida a seguir o caminho tortuoso que ela seguiu e que a levou à perdição. Então, o fato de você ter sido adotada, eu vejo como uma bênção e não como castigo.

Ela silenciou por uns segundos, olhou-me com certa desconfiança e perguntou:

– Posso continuar?

Acenei que sim com a cabeça e ela prosseguiu:

– Você foi casada durante três décadas, concebeu três filhas saudáveis, inteligentes, e pelo menos duas delas são muito bem-sucedidas. A outra, embora pareça ter pouco juízo, também não está tão mal assim. Você vive em uma casa enorme, não lhe faltam recursos materiais, e se coloca na condição de uma pobre coitada, que merece toda a piedade do mundo? Eu não sei como você chama isso, Jandira, mas eu chamo de ingratidão para com Deus.

Novo silêncio para ver se eu me manifestava; como permaneci calada, ela continuou:

– Até os desaforos que precisou suportar da sua sogra podem ser compreensíveis, se você se colocar no lugar dela. Você mesma se mostra ressentida por ter sido trocada por uma jovem, e olha que nem foi traída! A dona Marina pode ter exagerado na dose ao transferir para você a raiva que tinha da sua mãe, mas, olhando pelo viés dela, pode-se ao menos dar um desconto. Você consegue mensurar o que ela sofreu no período em que foi substituída no papel de mulher do próprio marido? Impossível, minha amiga! Você teve de engolir uma sogra agressiva por dez anos, mas ela foi obrigada a aceitar em sua propriedade, pelo mesmo período, a presença da filha da mulher que a desrespeitou, trazendo humilhações à sua vida. Acha que foi fácil para ela?

Meu Deus! A sensação que eu tinha era a de estar parafusada à poltrona do ônibus ou de manter uma bagagem de meia tonelada sobre o colo. Não conseguia me mover e, para disfarçar o mal-estar que me assaltou, mantinha a cabeça levemente virada para o lado da janela, fingindo estar distraída com a paisagem.

Mas não conseguia fixar a atenção em nada do que havia lá fora. Nem mesmo às árvores mortas.

Minhas orelhas queimavam e meu rosto deveria estar em brasa, pois eu nunca tinha ouvido tantas verdades de uma só vez e, por incrível que pareça, não estava zangada com Agnes. Ela falava de um modo tão verdadeiro, mas com tamanha doçura na voz, que não dava para contestar.

Comecei a entender que, até então, sempre que tinha a oportunidade de conversar com alguém, eu inconscientemente mostrava apenas o lado negativo da minha vida. Era uma forma de angariar a compaixão das pessoas. Eu me alimentava daquilo e tinha a sensação de que a piedade alheia me fazia bem!

Então me lembrei de que havia agido desse modo com a mulher que, por caridade, acolhera em minha casa algum tempo atrás. Eu precisava tanto da compaixão dela quanto da de qualquer outra pessoa. Assim, durante o café da tarde do dia anterior à morte daquela que eu ainda considerava ser Eulália, uma estranha andarilha, eu disse a ela, depois de haver desfiado diversas vezes o meu rosário de lamentações:

— Ah, como eu gostaria de ter certeza de que minha mãe está morta!

— E por quê? – ela indagou, parecendo ter feito uma pergunta casual.

— Porque então eu saberia que nunca vou me deparar com ela e confirmar o que minha sogra falou sobre minha mãe ter sido uma mulher vulgar e irresponsável.

— E se ela lhe pedisse perdão? – a andarilha indagou, fingindo naturalidade.

— Perdão? Depois de ter desgraçado a vida do meu pai e de ter me abandonado à própria sorte em tão tenra idade? De jeito nenhum! Cada vez mais eu me convenço de que perdão é uma palavra sem sentido que alguém inventou para amenizar a consciência dos injustos. Se um dia eu tiver a infelicidade de encontrar minha mãe e confirmar que ela é mesmo essa criatura desumana que dona Marina me apresentou, as únicas coisas que terá de mim serão desprezo e nojo!

Na hora que disse isso eu não percebi, mas agora, ao lado de Agnes, reprisando o momento daquela conversa, consegui me lembrar de que Eulália cobriu o rosto com as mãos, pediu licença e se retirou para os fundos do quintal. Agora não restavam dúvidas de que ela teve uma crise de choro e que precisou se esconder de mim. No dia seguinte amanheceu morta, satisfazendo assim a minha vontade.

Essa constatação me sobressaltou e me fez lembrar a morte do Renanzinho. As minhas palavras teriam mesmo o poder de matar as pessoas? Esse pensamento me provocou um tremendo mal-estar. Um arrepio esquisito me percorreu o corpo e ocasionou um súbito tremor.

DÉBITO E EXPIAÇÃO

"O homem suporta sempre a consequência das suas faltas; não há uma só infração à lei de Deus que não tenha punição."

(O Evangelho segundo o Espiritismo – Capítulo 27 – Item 21 – Boa Nova Editora)

A conversa prosseguiu, mas agora quem falou mais foi Agnes, e as coisas que eu ouvi dela realmente descortinaram uma realidade que andava muito distante do meu modo de encarar a vida.

– Há tanta gente miserável neste mundo, Jandira! – ela me disse em um tom mais brando. – Pessoas que não têm sequer um teto para se proteger; pessoas que passam anos e mais anos sendo corroídas por dolorosas enfermidades; pessoas que morrem de fome ou vitimadas por todo o tipo de violência que se possa imaginar... E eu estou falando de todas as faixas etárias: recém-nascidos, crianças, adolescentes, jovens, pessoas de meia-idade e velhinhas. O mundo em que vivemos não é um lugar de delícias, minha amiga! Portanto, se Deus nos oferece algumas concessões, já é motivo mais do que suficiente para nos sentirmos privilegiados entre tantos desgraçados e, em vez de ficarmos olhando para a madeira morta do bosque, deitarmos a vista sobre a harmonia monumental do que é belo e respirar a atmosfera contagiante da vida a pulsar em toda parte.

Agnes possuía uma alma bastante poética e acabou me revelando que realmente fazia versos e que já havia, inclusive, publicado alguns poemas em antologias. Essa informação fez aumentar ainda mais a minha admiração por ela. Era a primeira vez que eu conversava com uma poetisa. Pedi que me recitasse um de seus poemas.

– Infelizmente minha memória não é tão boa – ela disse. – Mas me lembro de uma trova, pode ser?

– É claro! – eu disse entusiasmada e fiquei aguardando feito uma criança à espera de um doce.

Ela pensou por um instante e declamou:

– "Mais amor, menos tristeza, / ensina sábia lição; / a mágoa servida à mesa / sempre causa indigestão."

– Que interessante! – eu disse com sinceridade e fiquei refletindo sobre aqueles quatros versinhos que transmitiam uma mensagem tão forte e que me soavam também como mais um puxão de orelha.

Empolgada com a minha admiração, Agnes conseguiu se lembrar de mais algumas trovas com temática filosófica e as declamou.

Algumas delas tinham sido premiadas em concursos literários, segundo a minha nova e encantadora amiga. Então eu concluí que a "mulher elétrica" tinha o dom de me provocar choques até quando declamava seus inspirados versos.

Outro choque que Agnes provocou em mim foi quando contou sobre sua vida. Eu achava que, para ter uma visão tão otimista sobre o mundo e tudo o que nele existe, as experiências dela deveriam ser todas positivas. Ledo engano!

– Eu era a moça mais romântica, ingênua e sonhadora do mundo, quando, aos dezoito anos, apaixonei-me por um rapaz lindo e muito sedutor – ela disse. – Para conseguir o que queria, ele me prometeu mundos e fundos. Estivemos noivos por um ano. Com a data do casamento já se aproximando, cedi aos avanços dele, que exigia uma prova real de que não estava se casando com uma moça impura. Pois bem, depois de satisfazer-lhe a vontade, meu noivo me abandonou no altar, com a igreja repleta de convidados, sendo a maioria membros da minha família. Alguns tinham, inclusive, se deslocado de outros estados para assistirem à cerimônia.

Agnes respirou fundo, mas não demonstrou estar abalada ao prosseguir:

– Não bastasse a humilhação por que passei, meu pai ficou tão nervoso e constrangido, que sofreu um infarto, precisou se submeter a uma cirurgia e morreu dois meses depois, em função de uma infecção hospitalar. No dia de sua morte, descobri que estava grávida. Eu era filha única e cheguei a pensar em abortar a criança, mas minha mãe me deu a maior força para levar a gravidez adiante. O problema foi que meu filho nasceu com graves deficiências físicas e mentais, tendo vivido com muitas limitações até os vinte anos. Dediquei minha juventude a cuidar do meu filho e, depois que ele morreu, tive de cuidar de minha mãe, que contraiu mal de Parkinson e depois Alzheimer. Faz três anos que a enterrei.

Eu estava boquiaberta ouvindo aquilo. Nem tanto pela história em si, mas pelo modo como Agnes a narrava. Em nenhum momento percebi revolta ou autopiedade em sua fisionomia ou no tom de suas palavras.

– Meu Deus! – exclamei. – Você deve odiar o homem que lhe fez isso.

Ela sorriu com uma naturalidade incrível.

– Odiar? Não! Eu não o odeio. É claro que não foi sempre assim. No início, guardei ressentimentos, sim, tive vontade de matá-lo, mas com o tempo comecei a compreender que não era tão vítima como julgava. E sabe por quê?

Meneei a cabeça negando e fiquei muito curiosa para saber a resposta.

– Porque passei a acreditar em Deus – ela disse.

Eu deveria estar com um claro semblante de incredulidade quando perguntei:

– O quê? Só por causa disso?

Ela voltou a sorrir.

– E você acha pouco?

– Não sei... Mas o que Deus tem a ver com isso? Quer dizer, quem lhe fez mal foi o seu noivo...

– Deus está presente em tudo o que acontece no mundo – ela disse com um tom de voz macio e firme ao mesmo tempo. – Até nas coisas ruins. É claro que Ele não faz mal a ninguém, nem aprova que o façamos, mas permite que usemos o livre-arbítrio em nossas ações. A questão é que, cada vez que realizamos uma má ação, nós contraímos um débito que terá de ser quitado em algum momento do futuro. O antigo e correto lema do "plantio facultativo de colheita obrigatória", que certamente você conhece.

– Claro que conheço, mas é justamente por isso que eu não entendo – repliquei. – Que débito você havia contraído com esse rapaz? Você já o conhecia? Já tinha feito mal a ele?

Agnes me surpreendeu ao movimentar a cabeça confirmando e me deixou ainda mais intrigada.

– Sim. Eu havia feito mal a ele em outra vida, em parceria com a criança que concebemos. Por isso, eu e meu filho tínhamos esse débito e éramos odiados por aquele homem que, inconscientemente, promoveu uma vingança contra nós dois.

— Espere aí — eu disse, espalmando a mão em direção a ela. — Não vai me dizer que você acredita em reencarnação.

— Acredito — ela falou, acenando fortemente a cabeça. — Aliás, meus pais também acreditavam e já falavam sobre isso de vez em quando. À época, movida pelos arroubos da juventude, eu não dava muito crédito, mas com o passar do tempo comecei a experimentar situações que só podiam ser explicadas devido à ação das leis universais. Então decidi me aprofundar no assunto, estudei os livros codificados por Kardec e obtive as respostas de que necessitava para abandonar a condição de pobre coitada.

— Você disse Kardec? Quer dizer que você é espírita?

— Há mais de trinta anos — Agnes respondeu sorrindo. — E, se não fosse pelos conhecimentos doutrinários que adquiri, por certo encararia a vida por um viés bem menos otimista. Quando lhe digo que tive informações do meu passado de delitos, razão pela qual precisei tomar remédios bem amargos para restaurar minha saúde moral, essas informações foram passadas pelo meu próprio pai, por meio de psicografias recebidas no centro espírita que frequento em todos esses anos. Entendi que estava apenas colhendo os frutos espinhosos que eu mesma havia semeado na encarnação anterior.

Fiquei calada pensando em tudo aquilo. Lembrei-me da mensagem que, segundo Valter, Consuelo havia ditado do além autorizando o nosso casamento. Agnes falou sobre psicografia com a mesma convicção do meu quase namorado.

— Mas foi revelado o que você teria feito contra o seu ex-noivo na vida passada?

— Sim, com todos os pormenores — ela respondeu. — Eu era uma mulher ambiciosa e queria me livrar do meu marido, com quem havia me casado apenas por interesses financeiros, para desfrutar a sua riqueza ao lado do homem por quem era apaixonada. Assim, elaborei com cuidado o assassinato do meu esposo para parecer que fora um acidente, mas na verdade ele foi morto pelo meu amante, o mesmo que agora teria reencarnado como meu filho. Ninguém desconfiou da trama e as coisas aconteceram exatamente como havíamos planejado. Tivemos uma vida de luxo e mordomias com o dinheiro amealhado no crime, mas contraímos um enorme débito moral, pois, do plano espiritual, nossa vítima nos vigiava bem de perto, jurando vingar-se na primeira oportunidade que tivesse. E foi o que de fato fez na atual encarnação.

— Que história incrível — observei, impressionada com o modo firme e persuasivo com que Agnes a contou. Para quebrar o silêncio, perguntei: — E o seu ex-noivo? Você voltou a ter notícias dele?

— Sim. Ele reapareceu treze anos depois do fatídico dia do abandono. Teve curiosidade de conhecer o filho e quis vê-lo.

— E você aceitou?

— Claro! A essas alturas eu já sabia das questões relativas às nossas vidas passadas e não o via mais como o grande culpado pelos meus infortúnios. Apenas lamentei porque, ao ver o quanto o garoto era doente, ele teve uma grande decepção e desapareceu novamente. Nunca mais voltei a vê-lo.

— Poxa, deve ter sido uma barra, hein! O que você sentiu ao reencontrá-lo?

— Piedade. Ele estava em estado de miséria, claramente dominado pelo alcoolismo e, segundo eu soube por conhecidos que tínhamos em comum, também por drogas ilícitas. De modo inconsciente, se culpava pelo que havia provocado ao negar o perdão aos seus credores e, em vez de permitir que quitássemos nossos débitos por meio da convivência, quando poderíamos reconquistar a sua afeição, exigiu que o fizéssemos pelo sofrimento. Eu, por meio da humilhação do abandono, e nosso filho, sentenciado a vinte anos de vida semivegetativa.

— Meu Deus! — exclamei pela enésima vez. — Eu nunca pensei que a vida pudesse nos reservar tantas novidades. Aliás, nunca parei para pensar sobre isso. Mas, ouvindo você falar com essa convicção, uma mulher culta, sensível e otimista, apesar de ter enfrentado tantas adversidades, isso desperta em mim uma vontade louca de me aprofundar nesse assunto, de conhecer melhor esses conceitos doutrinários.

Mais uma vez me lembrei de Marifa e comecei a falar sobre ela, mas, quando a conversa chegou a esse ponto, eu levei um susto, pois o motorista do ônibus acendeu as luzes internas e avisou que estávamos no terminal rodoviário de São Paulo. Surpreendeu-me como pareceu curto o período em que fizemos aquela longa viagem, e eu realmente lamentei que houvesse acabado.

AS MISÉRIAS HUMANAS

"Deus os colocou numa Terra ingrata, para aí expiarem suas faltas por um trabalho penoso e pelas misérias da vida, até que tenham mérito de irem para um mundo mais feliz."

(O Evangelho segundo o Espiritismo – Capítulo 3 – Item 13 – Boa Nova Editora)

Assim que desembarcamos, preparei-me para me despedir de Agnes, mas ela perguntou:

– Para onde você vai? Acredito que a essa hora não tenha mais ônibus para a sua cidade.

– Vou pegar um táxi e dormir no apartamento da minha filha. Amanhã seguirei para a minha casa. Só vou procurar um orelhão e ligar para ter certeza de que Mirian está em casa.

– Então vamos juntas – ela disse, dando-me o braço dobrado para me agarrar a ele. Estava muito frio naquela noite.

Localizei um orelhão, liguei para o apartamento de Mirian diversas vezes, mas ninguém atendeu.

– Acho que minha filha não está em casa – eu disse desapontada.

– Então vamos para o meu apartamento – Agnes praticamente ordenou. – Não vou deixá-la aqui com esse frio terrível.

Pensei em recusar, mas logo a ideia me pareceu descabida. Além de a "mulher elétrica" ser uma excelente companhia, eu não tinha mesmo como ficar ali no terminal rodoviário congelando daquele jeito. Podia ir para o edifício onde Mirian morava e esperar na recepção, mas e se ela fosse dormir fora? Com a vida imprevisível que levava, havia essa possibilidade. Outra saída seria me hospedar em um hotel, mas nesse caso o convite de Agnes era muito mais interessante.

Agnes morava em um condomínio modesto, porém muito agradável! Os prédios, de apenas cinco andares, eram interligados por veredas cercadas por um gramado com jardineiras bem floridas e árvores ornamentais de médio porte. A impressão que se tinha nesse ambiente era a de que estávamos na praça de uma cidade do interior.

O apartamento era também modesto, com apenas dois quartos, sala, cozinha, banheiro e área de serviço. Mas muito confortável e bem organizado, com móveis e objetos de decoração que o deixavam realmente agradável. Lembrei-me do quanto o meu casarão se tornara incompatível às minhas necessidades e disse, olhando tudo à minha volta:

— Minha nossa! O seu apartamento é maravilhoso, assim como este condomínio. Olha, eu nunca considerei a possibilidade de morar em São Paulo, pois sempre achei a vida aqui muito agitada. Mas confesso que num ambiente como este eu viria morar com muito prazer.

— E por que não vem? — ela me perguntou sorrindo. — Você é uma mulher livre e desimpedida.

Aquele comentário de Agnes reforçou o meu desejo de dar uma reviravolta na vida.

Ela preparou uma sopa deliciosa, que tomamos acompanhada de um bom vinho. Conversamos bastante, e Agnes me mostrou as antologias com seus poemas. Já era madrugada quando fomos dormir.

Acordei com o sol entrando pela cortina do quarto de hóspedes e um delicioso cheiro de café recém-coado.

Mais tarde, enquanto fazíamos o desjejum, Agnes perguntou:

— Jandira, você está com muita pressa de ir embora?

— Não — respondi prontamente. — Não tenho filho pequeno nem marido ciumento me esperando — brinquei, provocando risos em minha amiga. — Por que pergunta?

— Porque eu gostaria de levá-la a um lugar. Fica aqui perto. Depois, nós almoçamos e você estará liberada — ela respondeu bem-humorada.

Concordei com tudo. Eu estava realmente gostando da companhia de Agnes e adorei a ideia de ficar mais algumas horas junto a ela. Meia hora depois, saímos de casa e caminhamos por três quarteirões até chegarmos a um prédio de paredes brancas, com três andares, ao lado do qual havia um longo e estreito corredor.

Agnes apanhou um chaveiro na bolsa e abriu o portão que dava acesso ao corredor. Seguimos por ele até chegarmos a um galpão que ficava nos fundos do prédio. Minha amiga abriu a porta do galpão e eu me deparei com uma espécie de oficina de confecção, com muitas prateleiras, máquinas de costura, agulhas de crochê, enfim, tudo sugerindo muita atividade naquele lugar.

– Aqui é o nosso cantinho de trabalho voluntário – Agnes me disse. – Temos uma equipe maravilhosa de trabalhadores que se dedicam a confeccionar enxovais para gestantes necessitadas. Principalmente para as moradoras de uma grande comunidade carente que fica próximo daqui. Nossa instituição filantrópica chama-se Meimei.

Como achei estranho o nome, Agnes me falou sobre a moça bonita que faleceu muito cedo e que agora, no plano espiritual, cuidava de crianças. Foi a primeira vez que ouvi a história de Meimei e, anos mais tarde, iria contá-la para Emily, minha neta.

– E o prédio da frente? – perguntei. – O que funciona lá?

– É o centro espírita de que lhe falei. Eu trabalho voluntariamente lá também, mas é outro tipo de atividade. Os dirigentes do centro espírita cederam este espaço para desenvolvermos aqui as tarefas assistenciais.

Enquanto conversávamos, algumas pessoas foram chegando. Eram cinco senhoras, três moças, um senhor sexagenário e um rapaz deficiente físico, que se locomovia usando uma cadeira de rodas. Todos eram sorridentes e me abraçaram com carinho ao sermos apresentados. Eles fizeram uma prece e iniciaram as atividades, que, naquele dia, consistiam na distribuição de enxovais e cestas básicas de alimentos para as pessoas que estavam inscritas na instituição.

Fiquei impressionada com o que vi. Mulheres miseráveis, com os dentes apodrecidos, metidas em vestidos rotos, muitas delas descalças; moças bem jovens e até mesmo adolescentes de olhares desolados, com seus ventres intumescidos por gestações nem sempre desejadas, faziam uma grande fila ladeando a parede do centro espírita, aguardando, ansiosas, o momento em que seria anunciado o início da distribuição de alimentos e de enxovais daquele dia.

É óbvio que eu já tinha visto muita gente necessitada, mas nunca os vira em tão grande número, de uma só vez, e isso abalou de verdade as minhas estruturas. Essa visão real, muito mais do que as palavras que Agnes me dissera no dia anterior, me fez ver o quanto havia de egoísmo e ingratidão em minhas atitudes. Até então, eu vivia me situando como uma pobre coitada, apesar da vida abastada que tinha.

A pedido de Agnes, participei das atividades de entrega e me emocionei ao ver aqueles rostos sofridos sorrirem agradecidos ao receberem as doações. Depois retornamos ao apartamento de minha nova amiga. Almoçamos, e ela chamou um táxi para me levar ao terminal rodoviário.

Nossa despedida foi como a de duas irmãs ou amigas de longa data. Havia uma claríssima afetividade recíproca entre nós.

– Não vá se esquecer de mim – Agnes advertiu sorrindo.

– Isso seria impossível – respondi, correspondendo ao sorriso dela.

E, durante a viagem de volta para a minha cidade, fiquei pensando seriamente se não seria mesmo o momento de dar uma nova guinada em minha vida.

TEATRO DE HORRORES

"Quando dizeis: tive um sonho esquisito, horrível, mas que não tem nada de real, enganais-vos; é, muitas vezes, a lembrança dos lugares e das coisas que vistes ou que vereis numa outra existência, ou num outro momento."

(O Livro dos Espíritos – Questão 402 – Boa Nova Editora)

Quando entrei em minha casa naquela tarde, eu me senti esquisita. Sim, acho que essa é a palavra que se encaixa na sensação que tive ao adentrar a enorme residência. Quatro quartos, sala, copa e cozinha enormes, área de serviço, quarto de despejos, quintal com goiabeiras, o jardim que andava bem descuidado... Para que tudo aquilo? Há muito tempo não havia ali o riso das meninas, as suas travessuras, nem a presença, ainda que espaçada, do Erasmo. Eu era a única alma a zanzar naquele amplo espaço, feito um fantasma.

Por um tempo, no passado, cheguei a alimentar a esperança de que meus netos pudessem substituir os ruídos antigos por novas algazarras, mas isso também estava impossibilitado. O primeiro neto tivera uma existência muito curta e, ao que tudo indicava, Márcia não teria mais filhos. Marlene estava casada com outra mulher e, a menos que recorresse a métodos não convencionais ou adotivos, também não me daria netos, o que me parecia mais provável pelo estilo de vida que adotara, sempre viajando de um país a outro. Mirian, apesar de estar pela primeira vez em uma relação afetiva mais duradoura – fazia um ano e pouco que estava com o Fernando –, parecia também indisposta a engravidar.

Pensando desse modo, cheguei à conclusão de que minha vida estava fora de órbita. Era como se eu houvesse me transformado em outra pessoa e o mundo à minha volta já não me comportasse mais. Parecia que tudo e todos me eram estranhos agora. Aquela casa era espaçosa demais para a minha pequena carcaça. Naquela cidade não havia nada interessante. Ou melhor, havia, mas eu não tinha mais nenhum interesse em desfrutar de suas benesses.

Foi em meio a esse caos mental que dormi naquela noite. Foi um sono inquieto, cheio de sobressaltos e com um sonho ruim a me perturbar: nele, eu tinha dezessete anos, mas com a aparência atual. Estava no meio de uma animada festa junina que acontecia no adro da igreja, mas, no lugar da igreja, estava a casa da fazenda de meus sogros.

Da varanda, o senhor Orlando, sentado na cadeira de balanço, acenou para que eu me aproximasse. Porém, quando cheguei perto, ele se transformou no Erasmo e havia uma moça sentada no colo dele. Os dois se beijaram, olharam para mim e começaram a gargalhar.

Saí dali correndo e entrei em um corredor escuro, onde encontrei dona Marina velando o corpo de uma mulher. Quando me viu, ela começou a gritar:

— Olha aqui, Jandira! Esta mulher suja e mentirosa que diz se chamar Eulália é a sem-vergonha da sua mãe. Você é cria dela e certamente é tão suja e falsa quanto essa despudorada.

Corri para outra direção e me tranquei na casinhola que funcionava como banheiro nos tempos antigos. Sentia-me protegida ali, até que uma lâmpada foi acesa e eu vi Marlene com o corpo inteiro enroscado por uma cobra. Fiquei toda arrepiada, pois a cobra lambia o rosto de minha filha com sua língua bifurcada. Comecei a desenroscar aquele réptil enorme, mas Marlene ordenou:

— Pare com isso, mãe! A senhora não tem esse direito.

Quando voltei a olhar para a cena pavorosa, vi o rosto de Dorothy no lugar onde deveria estar a cabeça da cobra. Na verdade, ela e Marlene estavam se beijando e também começaram a gargalhar, zombando do meu desespero.

Arrombei a porta do quartinho com o ombro e me deparei com Márcia do lado de fora. Ela estava sentada sob uma goiabeira; sustentava no colo um bebê enrolado em um cobertorzinho. Márcia estava muito calma e me disse:

— Mamãe, o Renanzinho está aqui. A senhora quer vê-lo?

Eu fiquei muito emocionada e acenei com a cabeça que queria. Então ela se ergueu, descobriu a criança e a jogou em minha direção. Ajuntei os braços para amparar o meu neto, mas o que caiu neles foi um esqueleto infantil. Levei um grande susto e ouvi minha filha gritando:

— Pegue, dona Jandira, o netinho querido que a senhora matou com a sua praga. Fique com ele e faça bom proveito.

Procurei manter o equilíbrio. Depositei o esqueleto no chão com bastante cuidado para que não se despedaçasse e fui procurar ferramentas para abrir uma cova a fim de enterrá-lo. Enquanto caminhava em direção ao quartinho de despejos, o padre Gusmão apareceu e começou a fazer um sermão ininteligível, falando sobre pombos, trombetas, anjos e demônios. A única frase que ficou clara para mim foi:

— Não caia em tentação, Jandira. Não seja uma pecadora, ou você será lançada ao fogo do inferno!

Tapei os ouvidos com as duas mãos, ajoelhei-me e dei vazão a um pranto desesperado. Enquanto chorava, todas aquelas pessoas que ali estavam, e que faziam parte do meu ciclo familiar, começaram a aplaudir enquanto riam da minha atitude.

De repente, um facho de luz brotou do alto e iluminou a paisagem. Todos os presentes saíram correndo e eu fiquei petrificada, subjugada por uma cegueira momentânea provocada pela claridade. Aos poucos minhas vistas foram se acostumando e eu vi a figura esguia de um homem que me estendeu a mão.

— Levante-se — ele disse. — Eu vou tirar você daqui.

Obedeci e, ao segurar a mão dele, senti uma paz imensa invadir minha alma. Tentei andar, mas não consegui, pois minhas pernas estavam muito pesadas. Então ele se abaixou e me pegou no colo. Agora eu era uma menininha e, ao enlear meus braços magros em torno de seu pescoço, reconheci aqueles olhos brilhantes, a barba cerrada, a discreta calvície...

— Pai! É o senhor?

— Sim, minha filha — ele respondeu sorrindo, com forte emoção na voz.

Voltei a chorar. Era o meu pai que ali estava, com a mesma fisionomia de quando nos despedimos na casa paroquial, mas sua aparência agora não era a de um homem melancólico nem enfermo, porém saudável e jovial.

— O senhor veio me buscar? Vai me levar para a nossa casinha para ficarmos juntos novamente?

Ele me encarou e seus olhos brilharam ainda mais quando disse:

— Nós sempre estivemos juntos, Jandira! Apesar de tudo, acredite, eu nunca a deixei desamparada.

Não havia como duvidar daquelas palavras, mas eu estava insegura, com muito medo. Então perguntei:

– E aquelas pessoas que estavam comigo há pouco? Todas elas queriam me fazer mal...

– Elas não eram quem pareciam ser – ele respondeu. – Eram espíritos maus assumindo a aparência das pessoas que têm povoado a sua mente de modo negativo em todos esses anos. Aqueles irmãos desequilibrados, que insistem em viver nas trevas, foram atraídos até você pelos seus próprios pensamentos doentios e a trouxeram para este lugar de dor, e, à imitação de um teatro, recriaram as cenas que se projetavam de seu campo mental.

Eu não entendi nada daquilo, mas percebi que meu pai me levou para um ambiente tranquilo, que lembrava uma enfermaria, e me colocou deitada em uma maca.

– Agora descanse – ele disse. – Acalme seus pensamentos e não se deixe mais ser guiada por tantas ideias negativas. Procure ver o lado positivo das coisas. Para que ficar voltada para os espinhos nos galhos da roseira, quando há rosas tão lindas em suas extremidades?

E, antes de se retirar, meu pai me entregou uma chave. Preso a ela por uma correntinha prateada havia um chaveiro em acrílico transparente na forma de um coração. Dentro desse coração, em um papelzinho azul-claro, estava gravado o número 35 em letras douradas.

– Filha, não estou indo embora, apenas vou me tornar invisível aos seus olhos. Como lhe disse, sempre que possível, estarei perto de você.

Naquele momento, a figura de meu pai desapareceu como se houvesse se desintegrado, mas eu não estava mais com medo. Dormi profundamente e levei um susto ao acordar em minha cama, pois já passava das dez horas. Eu nunca havia dormido até tão tarde como naquele dia.

NOVOS RUMOS

"A pureza do coração é inseparável da simplicidade e da humildade; ela exclui todo pensamento de egoísmo e de orgulho."

(O Evangelho segundo o Espiritismo – Capítulo 8 – Item 3 – Boa Nova Editora)

Alguns dias depois daquele sonho, Agnes me ligou dizendo que tinha uma novidade: um apartamento ao lado do seu havia sido colocado à venda, pois a família iria se mudar para o Rio Grande do Sul. Ela já tinha até conversado com o dono da imobiliária e falado que havia uma pessoa muito interessada na compra.

– Não é bem assim – eu disse ao mesmo tempo entusiasmada e apreensiva. – Eu não tenho tanto dinheiro guardado. Precisaria vender a minha casa para comprar outro imóvel...

– Seja mais otimista – Agnes respondeu com voz enérgica. – A mesma imobiliária que vai lhe oferecer o apartamento pode arranjar um comprador para a sua casa. Deixe os pensamentos negativos de lado e venha para cá imediatamente.

A bronca da "mulher elétrica" era o que eu precisava para tomar coragem. Afinal, o que eu tinha a perder? Concluí que pelo menos deveria fazer uma tentativa. Viajei para São Paulo no dia seguinte, hospedei-me no apartamento de Agnes e um funcionário da imobiliária foi me mostrar o imóvel, que era exatamente igual ao dela. Há muito tempo eu não sabia o que era ficar tão empolgada e torci demais para que as coisas dessem certo.

E realmente deram. Conforme Agnes já havia explicado, o corretor de imóveis me disse que poderia agenciar também a venda da minha casa. Por coincidência, ele estava com um cliente recém-aposentado que pretendia se mudar para o interior, para uma cidade que não ficasse muito distante da capital. E a transação se concretizou com extrema facilidade, parecendo até que já estava programada. Minha casa foi vendida, comprei o apartamento e ainda sobrou uma quantia razoável, que apliquei no banco.

No dia em que viajei pela última vez de minha cidade para São Paulo, estava muito frio. O caminhão já havia transportado os móveis e eu levava comigo apenas uma bolsa com algumas roupas e documentos. Como o ônibus estivesse demorando, decidi tomar um café quentinho em uma pequena lanchonete recém-inaugurada dentro do terminal rodoviário. Fui atendida com simpatia por uma moça bonita que não me pareceu estranha.

Depois de me servir, ela perguntou:

– A senhora é dona Jandira, não é?

Olhei-a curiosa e respondi:

– Sim. Nós nos conhecemos?

– Na verdade, não nos conhecemos pessoalmente, mas eu já ouvi falar muito da senhora. O meu tio Valter, da floricultura, vivia falando das suas qualidades.

Então me lembrei. Aquela era a moça que eu vira abraçada ao Valter naquela fatídica manhã de sábado. Evitando demonstrar o quanto estava surpresa, disfarcei ao máximo a curiosidade e perguntei de modo casual:

– Ah, você é sobrinha do Valter?

– Sim – ela respondeu. – Minha mãe é irmã dele. Mas, para mim, ele é mais do que um tio, sabe? Eu não conheci o meu pai, que abandonou minha mãe logo depois que eu nasci. Então o tio Valter foi a pessoa que assumiu o papel paternal em minha vida. Ele é um homem muito especial e, pelo fato também de não ter filhos, meio que me adotou e sempre me amparou em todos os sentidos. Foi graças a ele que eu pude realizar o sonho de montar esta lanchonete. – Ela suspirou e completou: – Pena que as coisas não deram certo entre vocês... Meu tio estava tão animado, e eu rezei tanto para que se entendessem!

Eu estava tão surpresa, que não sei se consegui disfarçar meu embaraço.

– E como está o seu tio? – perguntei evitando encará-la.

– Ah, dona Jandira! No começo, logo que a senhora o despachou, ele ficou arrasado. Dava até pena do coitado. Até me lembrou os tempos iniciais da viuvez, quando a tia Consuelo morreu naquele acidente horrível, mas depois ele superou. O tio Valter é uma pessoa muito positiva e não se deixa abater por muito tempo.

Aquelas informações me surpreenderam bastante e eu fiquei pensando em um modo de amenizar a injustiça que havia cometido. Então pedi à moça que me arranjasse papel e caneta e escrevi um bilhete:

Prezado Valter,

Estou me mudando para São Paulo e possivelmente não voltarei mais a esta cidade. Assim, é muito provável que não nos vejamos mais. Entretanto, gostaria de dizer que você é uma das pessoas mais especiais que conheci em minha vida e que, se não houve algo mais profundo em nossa relação, foi por pura inabilidade de minha parte.

Tenho certeza de que você voltará a ser feliz em sua vida afetiva e que a mulher que estiver ao seu lado, independentemente de quem seja, terá muitas razões para sorrir.

Desejo-lhe, de coração, toda a felicidade do mundo.
Sua sempre amiga,
Jandira.

Quando entreguei o bilhete à jovem, pedindo que fizesse o favor de repassá-lo ao tio, ela abriu um largo sorriso e disse:

– Ah, dona Jandira, entregarei com muito prazer! Eu não sei o que a senhora escreveu aqui, mas tenho certeza de que fará muito bem ao meu tio.

Nesse momento, o ônibus estacionou na plataforma. Despedi-me da simpática mocinha e embarquei sentindo-me bem mais leve, tanto por descobrir que Valter não era o homem hipócrita que julguei quanto por ter tido a oportunidade de lhe dirigir aquelas palavras de despedida.

Pensei também no quanto as coisas poderiam ter sido diferentes se eu, em vez de me afastar dele, houvesse esclarecido aquela história no momento em que ela aconteceu.

Mas agora era tarde demais. Eu tinha novos planos para a minha vida e o meu dileto amigo florista fazia parte de um passado que eu pretendia deixar para trás.

Duas semanas antes da mudança, quando as documentações e os acertos financeiros ficaram todos quites, quando o funcionário da imobiliária me entregou as chaves do imóvel, experimentei uma grande surpresa: ocorre que, preso às chaves por uma correntinha prateada, havia um chaveiro em acrílico transparente na forma de coração. Dentro desse coração, em um papelzinho azul-claro, estava gravado o número 35 em letras douradas. Esse era o número do apartamento que eu havia acabado de adquirir.

Aquele detalhe me emocionou bastante, pois me lembrou claramente do sonho que tivera dois meses antes, quando meu pai me entregou aqueles objetos. Somente bem mais tarde, quando estudasse a Doutrina Espírita, eu iria saber que não se tratara de um mero sonho, mas de um encontro real entre nós dois, como ocorre normalmente durante o sono, quando a alma se desprende do corpo físico e se projeta ao plano espiritual em busca de pessoas e ambientes que lhe sejam afins. O objetivo do meu pai era me encorajar, mostrando que a realização daquele desejo não era tão difícil quanto eu julgava.

Devidamente acomodada em meu pequeno e aconchegante apartamento, passei a integrar o grupo de voluntários da instituição Meimei e descobri a importância de conhecer o "tal mundo" de expiações e provas de que Agnes me falara no dia em que nos conhecemos. Ali, no trabalho diário, revelou-se na prática o significado da expressão "misérias humanas".

Certamente não vou aqui listar todos os casos com que me deparei, para não alongar demais a história e não abusar da paciência dos leitores neste mundo atribulado, onde o tempo anda escasso para tantos afazeres e informações. Porém gostaria de citar um caso em especial: havia uma mocinha de uns vinte anos chamada Ana Maria. Apesar da notória situação de miséria em que vivia e dos trajes modestos que usava, Ana Maria tinha uma beleza espetacular e estava sempre expondo seus dentes miúdos e alvos, pois era muito sorridente.

Ela sempre ia à instituição e ao centro espírita levando três meninos entre dois e cinco anos de idade. Os três eram deficientes mentais e davam muito trabalho, fazendo travessuras, chorando à toa ou emitindo uns gritos estridentes às vezes, mas Ana os tratava com muita paciência e carinho. Um dia, intrigada com aquela situação, perguntei à Agnes:

– Como é que essa moça tão jovem já é mãe de três filhos, e todos deficientes?

– Não são filhos dela – Agnes respondeu. E contou a seguinte história:

Ana Maria tinha uma irmã mais velha que não possuía juízo algum. Essa moça era dependente química, tinha uma vida totalmente desregrada e concebera aquelas crianças sem saber sequer quem eram os genitores delas, já que se relacionava com vários parceiros ao mesmo tempo, quase sempre entorpecida pela ação das drogas.

Bem ao contrário da irmã, Ana Maria estudou o que pôde e trabalhava desde a adolescência, inicialmente como babá e depois como comerciária. As duas moravam juntas e, a cada gravidez da irmã, Ana dava conselhos e pedia que ela tomasse juízo, mas não adiantava.

Depois que ganhou o terceiro filho, a irmã de Ana Maria contraiu sífilis e, como continuasse com a mesma vida desregrada de antes, faleceu em pouco tempo, deixando os três filhos desamparados. Pois bem, Ana Maria decidiu abandonar seus projetos pessoais para cuidar dos sobrinhos e desde então assumiu o papel de mãe dos pequeninos, tendo recorrido à instituição Meimei em busca de auxílio.

Fiquei impressionada com a história dela e passei a contribuir, de modo anônimo, com uma quantia em dinheiro, que era entregue mensalmente junto com as roupas e com a cesta básica de alimentos. Porém, o mais impressionante era ver o sorriso lindo e espontâneo daquela bela mocinha que, mesmo sendo solteira e bem jovem ainda, resignara-se a cumprir um papel tão primordial quanto desgastante na vida daqueles espíritos reencarnados em condições bastante adversas. Completamente dependentes de cuidados, com certeza teriam sucumbido sem o ato de caridade e abnegação da zelosa e sorridente tia.

Eram exemplos como esses que me faziam enxergar a vida por um novo ângulo e despertavam em minha alma uma imensa vontade de servir ao próximo, ação que se tornou bastante natural depois que passei a conviver com Agnes e sua maravilhosa equipe de voluntários.

REVIRAVOLTAS

"Amai-vos uns aos outros e sereis felizes. Sobretudo, tomai a tarefa de amar aqueles que vos inspiram indiferença, ódio e desprezo."

(O Evangelho segundo o Espiritismo – Capítulo 12 – Item 10 – Boa Nova Editora)

Outro detalhe importante que a amizade com Agnes trouxe à minha vida foi o conhecimento do espiritismo. Tornei-me frequentadora do centro espírita no qual ela trabalhava, submeti-me à assistência espiritual e fiz alguns cursos para entender os conceitos filosóficos e científicos, mas, principalmente, o aspecto moral dessa bela doutrina.

Foi por essa época que recebi a notícia de que Mirian, aos 33 anos de idade, estava grávida. Uns dias antes dessa revelação, eu havia sonhado com o meu pai novamente e, nesse sonho, ele me entregou um vestidinho branco, lindo, todo rendado. Então, considerando o que ocorrera quando, no sonho anterior, ele havia me entregado o chaveiro, perguntei à minha filha:

– Já escolheu o nome da menina?

Ela me olhou curiosa.

– Como a senhora sabe que é menina, se nem eu consegui descobrir ainda?

– Apenas sei – respondi.

Um mês depois, Mirian me ligou e disse:

– A senhora tinha razão, mãe. Fiz um exame ultrassom e descobrimos que estou grávida de uma menina mesmo. O nome da sua netinha será Emily.

E Emily foi esse docinho lindo que veio trazer alento ao meu coração e renovar as esperanças de alegria e paz; ingredientes que estiveram ausentes da minha vida por tão longo período.

O tempo passou e aquela mudança significativa se ampliava cada vez mais em meu coração. Quanto mais eu aprendia sobre a vida na prática, servindo ao próximo, convivendo com suas dores e perspectivas, mais gratidão a Deus eu tinha. À medida que passei a enxugar as lágrimas alheias, fui deixando de derramar as minhas próprias, pois já não via razão para vertê-las por minha causa e, de certo modo, até me envergonhava de ter feito isso por tanto tempo.

Essa experiência despertou em mim uma incrível capacidade de dialogar, mas, principalmente, de ouvir as pessoas que procuravam o centro espírita em busca de orientação. Enquanto elas falavam, eu ouvia atentamente as suas queixas e recebia inspiração para dar conselhos, sempre com base no amor incondicional propagado por Jesus. A essas alturas, eu fora designada para esse tipo de tarefa, denominada nas atividades das casas espíritas de atendimento fraterno.

Emily estava a cada dia mais linda e carinhosa, principalmente para comigo, a quem, assim que começou a falar, passou a chamar de "vó Dila". Sempre que eu tinha disponibilidade, ia passar um tempo com ela e nós nos divertíamos bastante, sobretudo à medida que ela crescia, demonstrando muita inteligência e senso moral.

Um dia, Agnes assumiu o cargo de dirigente do centro espírita e me disse que não havia possibilidade de conciliar essa função com a de administradora da instituição Meimei. Ela praticamente me intimou a assumir a direção dos trabalhos e eu não tive como recusar. Aliás, nem queria, pois só me sentia completa desenvolvendo aquele trabalho e não podíamos correr o risco de que ele deixasse de existir por falta do empenho de quem o comandasse.

Foi por essa época que o tempo ficou mais escasso para as visitas à Emily, o que gerou a provocação de Mirian, transcrita nas páginas iniciais desta narrativa, quando ela disse: "O problema da sua avó, minha filha, é essa instituição filantrópica que ela passou a dirigir. Dona Jandira não tem mais tempo para nada, a não ser para esse tal Grupo Memê... Nenê... Sei lá qual é o nome disso".

Eu discordei dela e acabamos discutindo, mas a verdade é que Mirian tinha as suas razões. Porém aquela atividade voluntária, realizada com tanto amor e desprendimento, acabou se tornando a tarefa mais importante de minha vida. Foi por meio dela que eu deixei de olhar apenas para os meus problemas, que abandonei os ressentimentos e a condição de "pobre coitada", passando a cuidar dos companheiros de jornada que seguiam com fardos imensamente mais pesados que o meu.

O trabalho desenvolvido na instituição Meimei eliminou grande parte do meu egoísmo e fez de mim um ser humano mais altruísta e consciente do importante papel que as ações de caridade desempenham em um mundo complicado como o nosso. Em cada mãezinha que por ali passava, mergulhada em miséria e desesperança; em cada adolescente buscando o porto seguro negado pelo lar desestruturado; em cada criancinha desnutrida e maltrapilha; em cada pai de família desempregado, com os olhos embotados pela falta de perspectiva, eu via a figura excelsa de Jesus a dizer: "Se tu os amparas, é a mim que o fazes". E essa inexplicável sensação de alegria por poder ser útil ao próximo se tornou a maior referência para os tempos de amadurecimento que experimentei naquela existência.

Mas os desafios prosseguiam no âmbito familiar. Embora me dedicando tanto às tarefas de caridade às pessoas estranhas, o distanciamento em relação às minhas filhas mais velhas continuava inalterado. Algumas vezes tomei a iniciativa de procurar Márcia, mas era sempre recebida com frieza e indiferença. Não havia dúvidas de que continuava me acusando pela morte do Renanzinho.

Consegui com Mirian o endereço de Marlene, na França, e mandei algumas cartas pedindo perdão a ela e explicando que havia mudado radicalmente o modo de encarar a vida; que a amava acima de tudo e que gostaria muito de reencontrá-la. Porém jamais obtive respostas. Essas questões me deixavam realmente triste. Quando dormia com o coração oprimido pensando nisso, eu era sempre consolada pelo meu pai, que me acudia em sonho e dizia para eu dar tempo ao tempo.

— O que não nos falta na vida é tempo — ele dizia. — O problema é que nós só nos lembramos disso quando retornamos ao plano espiritual e nos deparamos com a nossa condição de seres imortais. Enquanto presos ao corpo, temos a impressão de que o tempo é curto demais e passamos a sofrer de um mal chamado "imediatismo". Isso nos angustia e gera ansiedades desgastantes, inúteis e desnecessárias.

Minha situação com Erasmo também não havia se alterado. Eu já não sentia ressentimentos, ou pelo menos não me dava conta de sentir isso em relação a ele, mas também não tinha vontade de vê-lo. Achava que, para estar bem mediante aquele caso, bastaria não desejar mal ao meu ex-marido nem à jovem que o seduzira. Porém, o rumo da história iria mudar.

Um dia, eu estava bastante atarefada com os compromissos da instituição, quando Mirian me ligou chorando para dar uma má notícia:

— Mãe, o papai está muito mal.

— Mal em que sentido? — perguntei, prendendo o aparelho telefônico entre o ombro e a orelha, pois estava assinando uns documentos.

— Em todos os sentidos — ela respondeu claramente tensa. — Papai me disse que foi diagnosticado com câncer de próstata e que a doença está em estado bem adiantado, inclusive com metástase. Ele está internado em uma clínica, porque não pode ficar sozinho em casa.

— Sozinho? Mas e a Vanessa?

— Ah, mãe, é uma longa história. O papai pagou os estudos para a Vanessa se formar em Engenharia Civil. Depois de formada, ela conseguiu emprego em uma grande empresa. Pois bem, essa empresa está construindo umas usinas hidrelétricas na África e a Vanessa resolveu ir supervisionar as obras. Ela está há seis meses no exterior e parece que vai ficar dois ou três anos por lá. Nesse período, só virá ao Brasil duas ou três vezes.

Realmente aquela notícia me deixou abalada. Fazia mais de dez anos que eu e Erasmo não nos falávamos, e eu não sabia mais nada sobre a vida dele. Quando desliguei o telefone, meu coração estava pesaroso e eu tomei uma decisão. Liguei para Mirian e disse:

— Dê-me o endereço da clínica onde o seu pai está internado. Amanhã irei visitá-lo.

Quando me deparei com Erasmo, levei um tremendo susto. Ele estava extremamente magro, a pele amarelecida, pesadas olheiras em torno dos olhos opacos... A impressão que tive, ao vê-lo dormindo na cama hospitalar, foi a de estar diante de um cadáver.

Sentei-me em uma poltrona que estava posicionada à sua cabeceira e esperei que ele acordasse por conta própria. Eu havia tirado a tarde para aquela visita e não tinha pressa em ir embora.

Quando acordou e se deparou comigo, Erasmo se mostrou surpreso e constrangido. Porém se acalmou quando segurei ternamente sua mão e perguntei com suavidade:

– Como vai, Erasmo? Dando susto em suas filhas, é?

Ele levou um tempo para responder e, quando o fez, seus olhos ficaram cheios de lágrimas:

– Ah, Jandira, como a vida da gente é ilusória!

Então começou a falar sobre muitas coisas e eu tive paciência para ouvi-lo. Aliás, não era o que eu vinha fazendo nos últimos anos, no centro espírita? Depois de explanar um sentido relatório sobre as ilusões e os desenganos que experimentara, ele falou com a voz embargada por um pranto reprimido na garganta:

– Como fui injusto com você... Eu deveria ter lhe dado mais valor...

Essa fala me emocionou, mas eu me segurei. Não sei se para não deixá-lo ainda mais sensível ou se em função dos resquícios de orgulho ferido que ainda habitavam em mim.

Depois daquele dia, passei a visitá-lo todas as tardes, revezando com Mirian, quando ela tinha tempo disponível para ficar com o pai. Márcia também costumava passar por lá, mas estava sempre apressada, cheia de compromissos profissionais, e mal me cumprimentava. Nessas visitas, eu e Erasmo conversávamos bastante. Ele me falou sobre a morte da mãe exatamente dez dias depois do falecimento do senhor Orlando.

– Mamãe estava alheia ao mundo, tanto que nem contamos a ela que o papai tinha morrido. Mas, uma semana depois que o enterramos, ela disse: "O Orlando esteve aqui e falou que veio me buscar para voltar à fazenda. Estranho é que ele estava usando um terno marrom. Meu marido nunca gostou de usar ternos!" É claro que ninguém levou a sério o que ela disse, mas papai havia sido enterrado com um terno marrom que eu comprei para ele no dia do funeral. Depois de passar três dias repetindo aquelas palavras, mamãe morreu durante a noite, enquanto dormia.

Erasmo contou que vendera a fazenda do pai logo depois de sua morte, e que decidira dividir o dinheiro entre as três filhas. Segundo ele, essa atitude havia desagradado Vanessa, que queria que ele convencesse ao menos Márcia e Marlene, que já possuíam uma boa situação financeira, a abdicarem da partilha. Ele discordou e a partir desse momento a relação entre os dois acabou se complicando.

– A ida para a África foi uma oportunidade profissional para ela, mas foi também uma forma de se livrar da minha presença – ele confessou entre revoltado e desiludido.

Um dia, depois de refletir bastante, perguntei a Erasmo se ele não gostaria de passar uma temporada em meu apartamento. Eu estava bastante penalizada com a situação daquela pobre alma que definhava a olhos vistos e que claramente estava vivendo seus últimos dias. Ele disse que concordava, mas pediu uns dias de prazo. Falou que precisava se fortalecer um pouco para o deslocamento de ambulância, pois se sentia muito fraco.

Preparei o quarto de visitas para recebê-lo, mas, na noite anterior ao dia combinado para o deslocamento até minha casa, voltei a sonhar com o meu pai. Desta vez, ele me entregou uma coroa de flores e, antes que o telefone tocasse na manhã seguinte, eu já sabia qual era a notícia a ser dada.

O corpo de Erasmo foi enterrado naquela tarde e eu cheguei à conclusão de que, assim como dona Marina, ele também havia previsto o dia de sua morte. O prazo que pedira para se deslocar do hospital para o meu apartamento fora um modo gentil de dizer que não iria.

Durante o sepultamento, fiquei em companhia de Mirian, Emily e Agnes. Marlene mandou um telegrama lamentando o ocorrido. Márcia e Caio estavam lá, mas se portaram como se fossem conhecidos distantes, apenas acenando de longe quando me viram. Vanessa, logicamente, não apareceu nem se manifestou por qualquer meio, mas isso não foi surpresa para ninguém.

TEMPOS OUTONAIS

"A tarde tendo chegado, o senhor da vinha disse àquele que tinha a incumbência dos seus negócios: "Chamai os obreiros e pagai-lhes, começando desde os últimos até os primeiros"."

(O Evangelho segundo o Espiritismo – Capítulo 20
– Item 1 – Boa Nova Editora)

De volta às intensas atividades da instituição Meimei, eu sempre reencontrava a alegria de servir. E o tempo seguia seu compasso. Um dia, eu estava realizando umas tarefas burocráticas quando um jovem casal adentrou o pequeno escritório. Primeiro entrou o rapaz, alto, elegante, muito bonito e, escondida atrás dele, uma mocinha segurando o riso.

– Vó Dira – ela falou se expondo finalmente e abrindo os braços.

– Emily! É você, sua danadinha. – Levantei-me e recebi o abraço sempre caloroso que ela me dava. – E quem é esse moço tão bonito? – perguntei fazendo uma careta brincalhona.

– Este é o Gustavo, vó. Meu namorado.

Abri os braços para acolhê-lo.

– Oh, muito prazer, Gustavo! Que bom gosto a minha neta tem...

– O prazer é meu, dona Jandira. Aliás, a Emily fala sobre a senhora o tempo todo, sabia? É um amor lindo que ela lhe tem.

– E é recíproco, meu filho – eu disse acariciando a bochecha da minha neta. – Mas sentem-se! O que vieram fazer aqui?

Os dois se sentaram e Emily falou:

– Vó, quando eu era ainda criança, a senhora falou que um dia iria me explicar tudo sobre o plano espiritual, lembra-se?

– Sim. E, na verdade, não cumpri a promessa ainda. É que a vejo sempre tão ocupada, cuidando dos estudos, depois do estágio na empresa...

– Vó, eu já sei tudo sobre espiritismo. Na verdade, frequento um centro espírita desde a adolescência. Fiz alguns cursos e até colaboro em algumas atividades. Eu só não fico falando sobre isso porque minha mãe não aceita os conceitos doutrinários, principalmente no que se refere às leis de causa e efeito e de reencarnação.

– Bem, partindo da sua mãe, isso não me surpreende. Quer dizer que ela não sabe dessas suas atividades?

– Ah, isso seria impossível, vó. Mas, como ela finge não saber, eu finjo que não sei que ela sabe – Emily respondeu provocando risos. Depois emendou: – Eu e o Gustavo nos conhecemos no centro espírita, sabe? Os pais dele são trabalhadores lá e o Tavinho é dirigente do grupo de jovens. Quando eu falei sobre o trabalho que a senhora dirige aqui na instituição Meimei, ele pediu para conhecer o local. Ele tem uns projetos parecidos que pretende colocar em prática no bairro onde mora.

— Que maravilha! — exclamei. — Vocês estão conhecendo bem cedo o que eu, na condição de trabalhadora da última hora, demorei para aprender.

Fiquei realmente feliz em saber que minha neta estava trilhando o caminho esclarecedor do espiritismo e devotando-se à prática redentora da caridade; mais ainda ao ver que o rapaz escolhido pelo seu coração também seguia o mesmo rumo.

Surgiu uma afinidade natural entre mim e Gustavo. Eu senti algo muito especial ao conhecê-lo e fiz questão de me aproximar dele, brincando com Emily que não ficasse com ciúmes, pois eu era muito velha para me envolver com um rapaz que tinha idade para ser meu neto. Com a reciprocidade de sentimentos, os dois ficaram muito próximos a mim nos tempos outonais de minha vida. Conheci também os pais do Tavinho e nos tornamos grandes amigos.

Dois anos depois, Gustavo e Emily se casaram em uma cerimônia simples, realizada na casa espírita onde atuavam, sob os protestos de Mirian, que achava uma imperdoável cafonice submeter aquele matrimônio às bênçãos espirituais. Entretanto, acabou se emocionando com as belas palavras proferidas pelo dirigente da cerimônia e chorou feito uma menina, amparada pelo Fernando, que, ao que tudo indicava, havia voltado a viver com ela.

Não pude deixar de notar que durante todo o evento os dois não se desgrudaram e que em alguns momentos chegaram a trocar calorosas carícias. Depois de ter recebido uma boa quantia em dinheiro, devido à venda das terras do avô paterno, Mirian andava mais equilibrada e finalmente aquela relação tão instável parecia haver entrado nos trilhos.

Emily e Gustavo possuíam uma condição privilegiada, pois suas famílias eram relativamente bem-sucedidas e os dois tinham ótimos empregos: minha neta havia se formado em Psicologia e ele em algo ligado a informática. Não sei bem qual era a função, mas Gustavo prestava serviços para uma das maiores empresas do ramo e tinha um salário invejável. Entretanto, dentre os muitos presentes de casamento que ganharam, Emily se debulhou em lágrimas quando lhe entreguei o vaso de cristal que ela havia me pedido dizendo que aquela relíquia afetiva tinha um valor imenso e que deveria permanecer na família.

– Ah, vó! Eu sempre admirei a sua dedicação em manter este vaso florido e impecavelmente limpo. – Depois que me mudei para São Paulo, eu havia retomado o hábito de trocar periodicamente as flores. – Prometo que farei a mesma coisa, está bem? – ela disse, enxugando os olhos esverdeados que puxara do avô materno.

– Não precisa prometer nada – respondi acariciando o rosto dela. – Embora tenha tanto valor sentimental, trata-se apenas de um objeto que acabará se quebrando em algum momento, Emily. Os tesouros mais preciosos são os que podemos guardar no relicário da alma, minha neta!

Ela sorriu e falou me abraçando:

– Ah, vó, pois tenha a certeza de que a senhora é uma das joias mais valiosas que eu guardo aqui – e apontou para o coração.

Mas as palavras eram desnecessárias entre nós, pois sabíamos o quanto nos amávamos.

Servi à instituição Meimei por mais de duas décadas, vendo as atividades ali se multiplicarem. O número de assistidos aumentou significativamente, criando a necessidade de aumentar também a quantidade de voluntários e de ampliar o espaço físico, construindo mais dois andares sobre o antigo galpão. Logicamente, o número de doadores também aumentou, pois sem isso seria impossível manter aquele trabalho assistencial.

Interessante foi ver que muitos dos voluntários que ali passaram a atuar eram ex-assistidos que, tendo superado as dificuldades que os levaram a buscar ajuda em algum momento, voltaram a procurar a instituição, mas desta vez como servidores. Vários deles haviam chegado ali quando crianças e agora eram moças e rapazes cheios de gratidão, dando o melhor de si em favor do próximo.

Com a idade avançando, retornaram as dores abdominais do passado e mais algumas que se distribuíam pelo corpo. Muitas vezes tive vontade de abandonar a tarefa, cuja direção estava agora sob o comando de uma trabalhadora bem mais nova. Porém, vendo Agnes, que apesar de ser mais idosa continuava firme em seus propósitos, eu me recusava a jogar a toalha.

Uma noite, voltei a sonhar com meu pai. Ele parecia especialmente alegre daquela vez e como sempre me ofereceu um presente. No início não entendi bem, porque se tratava de um pedacinho de pedra esverdeada. Ele se aproximou, olhou fixamente nos meus olhos e perguntou:

– Não se lembra desta pedrinha, Jandira?

Então me lembrei do dia em que nos despedimos em frente à casa paroquial e que eu, no desespero da dor, havia entregado a ele o pequeno "tesouro" que tinha encontrado em uma pracinha, dizendo: "Papai, eu quero que o senhor fique com esta pedrinha. E, toda vez que olhar para ela, lembre-se de que estarei lhe esperando".

Retribuí àquele olhar emocionado e indaguei:

– Quer dizer então que...?

– Sim, minha querida! Eu vim buscá-la para ficarmos novamente juntos.

Senti uma grande paz me envolver. Fechei os olhos, sorri e disse:

– Estou pronta, meu Deus! Que seja feita a Sua vontade.

E me deixei embalar por uma agradável sonolência, tendo a sensação de que mãos veludosas me desvencilhavam dos laços fluídicos que me uniam ao corpo material.

REGRESSO E ESCLARECIMENTOS

"O trabalhador da última hora tem direito ao salário, mas é preciso que a sua vontade tenha estado à disposição do senhor que o devia empregar, e que esse atraso não seja o fruto da sua preguiça ou da sua má vontade."

(O Evangelho segundo o Espiritismo – Capítulo 20 – Item 2 – Boa Nova Editora)

Sem saber ao certo quanto tempo havia se passado, acordei em condições bem favoráveis e tive naquele homem, a quem eu nem podia mais chamar de pai, pois o via agora com uma aparência bem mais jovem do que a minha, um orientador amoroso e seguro a me esclarecer sobre a condição em que me encontrava. Perguntei sobre os parentes que me antecederam e ele informou:

– Dona Marina continua em estado de demência, como forma de se manter desligada dos sentimentos negativos que cultivou a vida inteira e dos quais ainda não se libertou. O senhor Orlando se mantém apegado às terras que possuía e não se conforma com o fato de Erasmo tê-las vendido. A propriedade foi transformada em um hotel-fazenda e alguns hóspedes que são clarividentes já saíram correndo de lá ao se depararem com a aparência horrível que ele assumiu, justamente com o objetivo de atrapalhar os negócios do atual proprietário.

– E Erasmo? – perguntei curiosa. – Como ele está?

– Ah, Jandira! Esse aí se tornou um obsessor contumaz de sua segunda mulher. Ele descobriu que a partida dela para a África não se deu apenas por questões profissionais, mas que foi também para acompanhar um colega de trabalho com quem Vanessa mantinha um antigo relacionamento amoroso. Erasmo não a perdoa por essa traição e está grudado nela, criando-lhe mil problemas, inclusive no campo emocional, provocando na moça todo o tipo de distúrbio, o que a levou a desenvolver uma grave depressão. A perseguição que ele impõe é tão dominadora, que há até quem pense que a Vanessa enlouqueceu.

Senti pena de todos eles, mas sabia que praticamente nada poderia ser feito até que as próprias consciências fossem despertadas para a necessidade de mudanças. E eu sabia também que essas mudanças de comportamento só se desenvolveriam por intermédio da dor; somente quando o sofrimento os subjugasse a ponto de admitirem precisar de ajuda para se libertarem das próprias fraquezas morais.

– E quanto à minha mãe? – perguntei receosa do que iria ouvir.

– Ela está em recuperação. Chegou aqui completamente transtornada, mas melhorou bastante depois que foi perdoada por você.

– Perdoada? Mas eu nunca disse que a perdoei.

— O perdão não se manifesta por palavras, Jandira, mas pela projeção de energias saudáveis, quando pensamos em quem nos ofendeu. Depois que você passou a praticar a caridade e a conhecer as leis divinas, seu coração começou a projetar fluidos reparadores até mesmo em relação à sua mãe. Ela captou essas energias e se valeu delas para se restabelecer. Se a mágoa é um veneno altamente corrosivo, o perdão é o antídoto que cura todos os males provocados por ela.

— E você, já a perdoou? — perguntei encarando-o.

— Há muito tempo — ele respondeu com sinceridade. — Quando voltei ao plano espiritual, não demorou muito para que eu descobrisse o que andei aprontando em encarnações passadas. Percebi que não sou melhor do que ela e a perdoei do fundo do coração. Sua mãe, assim como todos nós, possui muitos defeitos e deu o seu melhor naquela encarnação. Se não alcançou os objetivos almejados, não pode ser condenada por isso; precisa, sim, de novas oportunidades de aprendizado, que Deus lhe concederá com toda certeza na vida futura.

— Que interessante isso — observei emocionada. — Eu havia concedido o perdão à minha mãe sem me dar conta de que o tinha feito.

— O fato é que, na relação entre encarnados, a manifestação verbal é imprescindível, mas, para quem habita o plano espiritual, o que prevalece são as projeções fluídicas manifestadas por pensamentos e sentimentos.

— Faz sentido a linguagem espiritual ser tão imponderável quanto o espírito — respondi.

Ele sorriu.

— Foi o perdão que concedi à sua mãe e às demais pessoas que eu considerava meus algozes, além da consciência de que não sou uma pobre vítima de ninguém, que me trouxe equilíbrio suficiente para, inclusive, poder amparar você, Jandira, em suas necessidades. Somente os espíritos equilibrados emocionalmente podem ajudar os entes queridos que permaneceram no plano terreno. Os que não conseguem perdoar e se libertar dos ressentimentos não possuem o equilíbrio necessário para oferecer auxílio nem a eles próprios.

Fiquei pensando sobre aquilo e achei incrível, além de bem razoável: o perdão como solução para todos os infortúnios, ligando de modo positivo os dois planos da vida. Isso explica por que Jesus falou tanto sobre ele.

Quanto às pessoas de minha convivência, que retornaram ao plano espiritual antes de mim e que se encontram em condições adversas, eu sei que um dia vou reencontrá-las e que serei conclamada a auxiliá-las, mas esse momento ainda não chegou, embora eu sinta que não demorará a acontecer.

Estava ainda refletindo sobre tudo o que conversamos, quando me ocorreu de perguntar pelos familiares que eu deixara no plano material.

– Como estarão, na dimensão física, as pessoas com quem criei laços afetivos? – perguntei.

– Veja por si mesma – meu tutor e pai respondeu, ao mesmo tempo em que imagens do momento em que meu corpo estava sendo velado começaram a se projetar em meu campo mental.

– Parece que o velório está acontecendo neste momento – observei intrigada com a nitidez daquelas imagens.

Ele sorriu e explicou:

– Na verdade, já faz algum tempo que ocorreu. Entretanto, o que parece ser um longo período no plano material, apresenta-se de modo diferente aqui para nós.

Para grande surpresa, minhas três filhas estiveram presentes ao velório. Também estavam ali, além de amigos ligados à instituição Meimei e ao centro espírita, Emily, Gustavo, Fernando, Caio e, claro, minha querida Agnes.

Não havia choros escandalosos na capela mortuária, apenas prantos silenciosos e projeção de preces cujas vibrações salutares podiam ser facilmente percebidas.

Fernando e Caio, mais afastados do esquife, falavam sobre negócios. O marido de Márcia reclamava sobre a taxa cambial, que estava lhe causando sérios prejuízos na exportação, e Fernando falava em aposentadoria.

Márcia, Marlene e Mirian dividiam a mesma poltrona e estavam mais unidas do que nunca, consolando-se mutuamente. Confesso que fiquei surpresa diante daquela cena. Por que as três estavam ali depois de todos aqueles anos de distanciamento das duas mais velhas? Por que Marlene se deslocara da França para acompanhar o sepultamento do meu corpo?

Estava absorta nesses questionamentos, quando Márcia se aproximou do caixão e, acariciando aquele rosto frio e sem vida, emitiu o seguinte pensamento, que pude captar perfeitamente: "Perdoe-me, mamãe! Eu nunca tive coragem de lhe dizer, mas sempre soube que a senhora não teve culpa nenhuma pela morte do Renanzinho. O que fiz foi arranjar uma desculpa para aliviar o meu coração do peso do remorso de ter falhado com ele, de não ter ouvido as suas advertências. Onde quer que a senhora esteja, perdoe-me, por favor!"

Fiquei emocionada ao ouvir aquilo e senti compaixão por minha filha. Agora estava muito clara a tormenta terrível que havia em sua alma e que a levara a agir com tanta frieza em todos aqueles anos. Imaginei sua angústia, seus pesadelos, suas noites de insônia, e desejei muito falar com ela, mas infelizmente não foi possível, embora eu sinta que, de algum modo, ela captou a energia de perdão que lhe enviei em pensamento.

Assim que ela se afastou, Marlene se aproximou e, repetindo o gesto de Márcia, conversou mentalmente comigo: "Perdoe-me, mamãe! Eu nunca mais a procurei, em todos esses anos, por achar que a senhora não havia me perdoado e que continuava com a postura inflexível da nossa última conversa. Não a procurei para não ser motivo de vergonha e aborrecimento para a senhora. Somente na semana passada encontrei e li suas cartas, que a Dorothy recebia e escondia, não deixando que chegassem às minhas mãos. Ah, como a senhora mudou para melhor!" Marlene secou uma lágrima que lhe escorreu pelo canto do olho e prosseguiu: "Briguei muito com a Dorothy por causa disso, mas, apesar de tudo, continuo amando-a e não vou abandoná-la. Depois de ler aquelas cartas e chorar muito, embarquei para o Brasil. Queria tanto abraçá-la... Ah, mãe, como eu gostaria de ter chegado um dia antes, para encontrá-la ainda viva, para conversarmos como amigas e nos reconciliarmos de uma vez por todas! Se houver mesmo vida após a morte, e se a senhora estiver me ouvindo, perdoe-me, por favor!"

Foi muito difícil segurar a emoção naquele momento. Fiquei chateada com Dorothy, mas tive de admitir que, embora nada justificasse a atitude de esconder de Marlene as minhas cartas, ela julgava ter razões para isso. E essas razões eu mesma havia criado.

Finalmente compreendi o que meu orientador dissera sobre minha mãe haver absorvido as projeções saudáveis de meus sentimentos em relação a ela. O silencioso diálogo de minhas filhas teve um efeito maravilhoso sobre mim, trazendo-me alívio e uma incrível sensação de felicidade.

Estava ainda emocionada com as palavras de Marlene, quando Mirian se aproximou. Deu um leve tabefe naquele rosto inerte e perguntou em voz alta:

– Está vendo no que deu a sua vida toda certinha, dona Jandira? Deixou de aproveitar as coisas boas, por exemplo, arranjar um belo amante depois que meu pai a abandonou e esbanjar a grana do velho em viagens pelo mundo todo! E agora? Tudo se acabou! A senhora está morta e daqui a pouco será enterrada. Aproveitou o quê? Curtiu o quê? Nada...

Algumas pessoas acharam graça do modo como ela falou, mas Emily se aproximou e a afastou dali, sussurrando-lhe ao ouvido:

– Mãe, pare de falar asneiras.

Mirian se desvencilhou dos braços da filha e se reaproximou do caixão. Agora, em uma atitude surpreendente, abraçou o cadáver e começou a chorar, dizendo que me amava muito e que não era justo que a deixasse sem mãe.

EPÍLOGO

"O progresso é uma das leis da Natureza; todos os seres da Criação, animados e inanimados, a ele estão submetidos pela bondade de Deus, que quer que tudo engrandeça e prospere."

(O Evangelho segundo o Espiritismo – Capítulo 3 – Item 19 – Boa Nova Editora)

O homem que fora meu genitor naquela encarnação, e que era agora um espírito com aparência bem mais jovial do que a minha, mas que ainda assim me tratava com o zelo e o carinho de um pai, perguntou-me:

– Você não tem curiosidade de saber sobre o destino de Marifa?

Arregalei os olhos e respondi:

– Claro! Você sabe algo sobre ela?

– Sim – ele disse. – Marifa deveria ter convivido mais tempo com você naquela encarnação. Na verdade, vocês têm uma antiga ligação muito forte e positiva. O problema foi que ela, por ter profundos conhecimentos espirituais, não conseguiu conter os impulsos e despertou a ira do padre Gusmão ao debater com ele sobre esses conceitos. Foi isso que provocou o distanciamento entre vocês. Enviada para um educandário de rígido sistema, ela acabou adoecendo gravemente e desencarnou aos dezenove anos. De volta ao plano espiritual, pediu permissão para voltar a conviver contigo, prometendo que desta vez teria mais cuidado para não se indispor com quem não compactuasse com as suas ideias.

– Que interessante! E o que aconteceu?

– Aconteceu que ela conseguiu o que queria – ele respondeu e apontou para Emily. – Ali está a sua querida amiga Marifa reencarnada.

– Meu Deus! Então está explicada a reciprocidade de afeto existente entre nós – eu falei com a voz embargada.

– Sim. E explica também o fato de ela, apesar de ser bastante inteligente e convicta em suas ideias, não se indispor com ninguém, não é mesmo?

– É verdade – aquiesci. – Nem mesmo com a mãe, que é assumidamente ateia, ela discute sobre assuntos espirituais.

Meu tutor me olhou carinhosamente e falou:

– Jandira, tem outra coisa que você vai gostar de saber: o Gustavo é a reencarnação do Renanzinho. Assim como Emily, ele é um espírito moralmente elevado e, depois daquela curta passagem pela matéria, por uma questão de necessidade própria e para servir de aprendizado, principalmente à Márcia, não se demorou muito por aqui e retornou para desenvolver importantes projetos ao lado de sua neta. Se os dois conseguirem realizar o que prometeram, levarão amparo e esclarecimentos a muitos espíritos que necessitam de orientação para aproveitarem melhor o atual período encarnatório, inclusive àqueles que irão reencarnar como seus filhos.

Fiquei olhando para aquele casal tão jovem e fui invadida por uma emoção tão forte, que não consegui dizer mais nada. Apenas permiti que as lágrimas banhassem meus olhos e desejei ardentemente que eles obtivessem sucesso em sua nobre empreitada.

O silêncio foi quebrado no momento em que, regido por Agnes, um coral de crianças começou a entoar uma linda canção em minha homenagem. Vi que de suas bocas, juntamente com as vibrações sonoras, projetavam-se fachos de luzes douradas que envolviam todo o ambiente. E minha emoção se tornou ainda maior quando reconheci naquelas crianças os meninos e meninas que eram atendidos na instituição.

Mas não era só isso. De repente, vi que ali mesmo, dentro da capela mortuária, mas na dimensão espiritual do recinto, outro coral de crianças cantava junto. E este coral de seres translúcidos e extremamente afinados era regido por uma moça linda e extremamente afável, que dizia em linguagem mental:

— Muito obrigada, Jandira, por tudo o que você fez por esses irmãozinhos em provação!

Meu coração se encheu de júbilo e foi difícil conter a emoção ao constatar que aquela linda jovem era a querida Meimei, fazendo uma homenagem a mim, que estive tão perto de desperdiçar a sagrada oportunidade da reencarnação ao me deixar dominar durante tantos anos pelas inúteis inquietações geradas por ressentimentos, revoltas e ausência de perdão.

Hoje, eu posso assegurar que o que me resgatou daquelas armadilhas foi ter colocado em prática um dos mais importantes ensinamentos que o Mestre da Paz nos deixou ao dizer: "Fora da caridade não há salvação".

Que o meu exemplo de vida possa servir como objeto de reflexão às pessoas que, por desconhecimento das leis universais, insistem em trilhar o tenebroso caminho da mágoa e da autopiedade, julgando-se pobres vítimas do destino, em vez de buscarem a transformação moral por meio do amor a Deus acima de tudo e ao próximo como a si mesmo.

Que Jesus nos ilumine cada vez mais!

Conheça mais a Editora Boa Nova

 www.boanova.net

 www.facebook.com/boanovaed

 www.instagram.com/boanovaed

 www.youtube.com/boanovaeditora

Instituto Beneficente Boa Nova
Entidade coligada à Sociedade Espírita Boa Nova
Av. Porto Ferreira, 1.031 | Parque Iracema
Catanduva/SP | CEP 15809-020
www.boanova.net | boanova@boanova.net
Fone: (17) 3531-4444